El doctor BRIAN L. WEISS es psiquiatra y escritor de éxito. Se graduó en la Universidad de Columbia y se licenció en la Facultad de Medicina de Yale. Ha trabajado como director del Departamento de Psiquiatría del Centro Médico Mount Sinai, en Miami.

El doctor Weiss dispone de una consulta privada en Miami. Sus colaboradores son psicólogos y asistentes sociales que también utilizan la regresión y otras técnicas de psicoterapia espiritual en su trabajo. Además, dirige seminarios nacionales e internacionales, talleres experimentales y programas de formación para profesionales.

Es autor de diversos libros, entre ellos *Muchas vidas, muchos maestros, Lazos de amor, Los mensajes de los sabios, Sólo el amor es real, Meditación, Espejos del tiempo* y *Eliminar el estrés*, todos ellos publicados por Ediciones B.

www.brianweiss.com

Título original: *Only Love is Real*

Primera edición: octubre de 2018

© 1996, Brian L. Weiss. M. D.
© 2006, Penguin Random House Grupo Editorial, S. A. U.
Travessera de Gràcia, 47-49. 08021 Barcelona
© 2024, de la presente edición en castellano:
Penguin Random House Grupo Editorial USA, LLC.
8950 SW 74th Court, Suite 2010
Miami, FL 33156
© Elena Villalonga, por la traducción

ISBN: 978-1-947783-46-1

Impreso en Colombia – *Printed in Colombia*

24 25 26 27 28   10 9 8 7 6

Lazos de amor

BRIAN WEISS

A Elizabeth y Pedro,
que me recordaron que el azar
no interviene en el amor

AGRADECIMIENTOS

Doy las gracias a Carole, Jordan y Amy por su amor y ayuda constantes.

Mi más caluroso agradecimiento a Joann Davis, mi editora en Warner Books, por su estímulo, perspicacia y sabiduría. Es la mejor.

Estoy en deuda con Joni Evans, extraordinario agente, por su energía y entusiasmo ilimitados.

Y, para terminar, deseo expresar mi agradecimiento a todos los pacientes y a aquellas personas que han participado en los talleres, y que han compartido sus vidas conmigo.

NOTA AL LECTOR

El secreto profesional constituye un deber elemental en las normas éticas que rigen la psiquiatría. Los pacientes que aparecen en este libro me han autorizado a escribir sus vidas. Sólo he cambiado sus nombres y algunos detalles específicos para proteger su intimidad. Sus respectivas historias no han sufrido ninguna modificación y aparecen tal y como sucedieron.

PRÓLOGO

El alma del hombre es como el agua.
Viene del cielo,
se eleva hacia el cielo
y vuelve después a la tierra,
en un eterno ciclo.

GOETHE

Justo antes de que se publicara mi primer libro, *Muchas vidas, muchos maestros (Many Lives, Many Masters)*, fui a una librería de mi barrio y le pregunté al dueño si había encargado algunos ejemplares. Lo verificó en el ordenador y me respondió:

—He encargado cuatro. ¿Quiere uno?

Yo no estaba demasiado seguro de que se llegara a agotar la primera edición, aunque su tiraje era muy modesto. Al fin y al cabo, no era el tipo de libro que se espera de un psiquiatra serio. En él describí en qué medida la terapia de regresión a vidas pasadas a la que sometí a una paciente cambió radicalmente su vida y la mía. Sin embargo, yo sabía que mis amigos, mis vecinos y, por supuesto, mi familia comprarían más de cuatro ejemplares, aunque el libro no se vendiera en ninguna otra ciudad del país.

—Por favor —le dije—, mis amigos, algunos de mis pacientes y otros conocidos querrán comprar el libro. ¿Podría encargar algunos más?

Tuve que garantizarle personalmente la venta de los cien ejemplares que el librero encargó no muy convencido.

Me llevé una gran sorpresa cuando el libro se convirtió en un *bestseller* internacional. Se han editado más de dos millones de ejemplares del texto y ha sido traducido a más de veinte idiomas. Mi vida sufrió entonces otro cambio inesperado.

Después de licenciarme *cum laude* en la Universidad de Columbia y de completar mi formación médica en la Escuela de Medicina de la Universidad de Yale, trabajé como médico interno en el hospital de la Universidad de Nueva York y me especialicé en psiquiatría en Yale. Seguidamente, fui profesor en la Facultad de Medicina de la Universidad de Pittsburgh y de la de Miami.

Luego, durante once años, fui el presidente

del Departamento de Psiquiatría del Mount Sinai Hospital en Miami.

Había escrito varios artículos científicos y colaborado en algunos libros. Estaba en la cúspide de mi carrera académica.

Catherine, la joven paciente de la que hablé en mi primer libro, vino a verme al consultorio del Mount Sinai. Los detallados recuerdos de sus vidas pasadas, que al principio me costó creer, y su capacidad para transmitir mensajes sobrenaturales desde un estado hipnótico, hicieron que mi vida cambiara radicalmente. Ya no podría ver el mundo como lo había visto hasta entonces.

Después de Catherine acudieron muchos otros pacientes a mi consulta para que los sometiera a la terapia de regresión.

Aquellos que mostraban síntomas que se resistían a los tratamientos médicos tradicionales y a la psicoterapia se curaron.

En mi segundo libro, *A través del tiempo (Through Time into Healing)*, explico todo lo que he aprendido sobre el potencial de curación de la terapia de regresión a vidas pasadas. El texto contiene numerosos casos verídicos de pacientes reales.

La historia más interesante de todas aparece en *Lazos de amor (Only Love is Real)*, mi tercer libro. Trata de las almas gemelas, las personas que están unidas eternamente por los lazos del amor y que se reencuentran una y otra vez en sus distintas vidas. Cómo encontramos y reconocemos a nuestras almas gemelas y qué decisiones debemos tomar que pueden transformar nuestra vida es uno de los temas más importantes y fascinantes de nuestra existencia.

El destino dicta el encuentro con los demás. Pero lo que decidamos una vez que hayamos encontrado a una pareja depende de nuestra elección, de nuestra libre voluntad. Una decisión errónea o una oportunidad desaprovechada puede conducir a una gran soledad y mucho sufrimiento.

Un acierto en la elección, una oportunidad aprovechada, nos puede proporcionar una profunda felicidad.

Elizabeth, una bella mujer del Medio Oeste, se sometió a esta terapia por el gran dolor y la ansiedad que sufría tras la muerte de su madre. También había tenido problemas en su relación con los hombres, pues siempre escogía a fracasados, drogadictos o gente que la maltrataba. Nunca había encontrado el verdadero amor entre los hombres con quienes se había relacionado.

Empezamos nuestro viaje por distintas épocas pasadas, con unos resultados sorprendentes.

Al mismo tiempo que Elizabeth se sometía a la terapia de regresión, yo estaba tratando también a Pedro, un mexicano encantador que estaba pasando por una época muy difícil. Su hermano acababa de perder la vida en un trágico accidente. Además, los problemas que tenía con su madre y los secretos de su infancia parecían conspirar contra él.

Pedro arrastraba una carga de dudas y desazón, y no tenía con quién compartirla.

Él también empezó a hurgar en el pasado para buscar soluciones y sosiego.

Aunque Elizabeth y Pedro acudían a mi consulta en la misma época, no se conocían, porque venían a verme en distintos días de la semana.

Durante los últimos quince años he tratado a menudo a parejas y familias que han descubierto que sus cónyuges y seres queridos de hoy también lo fueron en vidas pasadas. En alguna ocasión he sometido a la terapia de regresión a parejas que simultáneamente y por primera vez se dan cuenta de que se relacionaron en una vida anterior.

Estas personas se quedan asombradas al descubrirlo. Nunca antes han experimentado nada parecido. Permanecen mudas en la consulta a medida que los acontecimientos se van revelando. Sólo después, cuando abandonan el estado hipnótico, descubren que han presenciado las mismas escenas y han sentido las mismas emociones. Y sólo entonces yo me doy cuenta de que se relacionaron en vidas pasadas.

Pero éste no fue el caso de Elizabeth y Pedro.

Sus vidas pasadas se fueron revelando en mi consulta independientemente y por separado. Ellos no se conocían. Nunca se habían visto antes. Provenían de distintos países y culturas. Ni siquiera yo mismo, viéndoles por separado y sin tener ningún motivo para sospechar que existiera algún lazo entre ellos, supe ver la conexión, aunque parecían describir las mismas vidas anteriores con unos detalles y sentimientos increíblemente parecidos. ¿Es posible que se hubieran amado y después perdido mutuamente en todas sus vidas pasadas?

Al principio, ni mis colaboradores ni yo nos dábamos cuenta de la fascinante trama que se empezaba a desarrollar en la confiada y tranquila atmósfera de mi consulta.

Yo fui el primero en descubrir el vínculo que había entre ambos. Pero, ¿qué hacer? ¿Debía decírselo? ¿Y si estaba equivocado? ¿Y el secreto profesional entre médico y paciente? ¿Qué pasaría con sus relaciones en esta vida? ¿Estaba tal vez jugueteando con el destino? ¿Y si una relación en su vida actual no formaba parte de sus planes o no era lo más conveniente para ellos? ¿Y si otra relación fracasada bloqueaba su evolución en la terapia y debilitaba la confianza que habían puesto en mí? Durante mis años de estudios de medicina y mi estancia como residente de psiquiatría en la Universidad de Yale se me había inculcado la idea de no perjudicar a los pacientes. Ante la duda, no hay que causar ningún daño. Tanto Elizabeth como Pedro estaban mejorando. ¿Debía entonces olvidarme del asunto?

A Pedro le quedaban pocas sesiones y pensaba abandonar el país. Era importante que yo tomara una decisión.

En este libro no están incluidas todas sus sesiones, particularmente en el caso de Elizabeth, ya que algunas no tienen relación con su historia, y se dedicaron por completo a la psicoterapia tradicional, sin incluir ni la hipnosis ni la terapia de regresión.

Lo que a continuación relato procede de documentos médicos, de la transcripción de cintas magnetofónicas que grabé y de mis propios recuerdos. Sólo he modificado los nombres y pequeños detalles para no faltar al secreto profesional. Es una historia sobre el destino y la esperanza, una historia que ocurre en silencio todos los días. Ese día, alguien estaba escuchando.

1

Sabed, por tanto, que del silencio más inmenso regresaré. [...] No olvidéis que volveré junto a vosotros. [...] Unos momentos más, un instante de reposo en el viento, y otra mujer me concebirá.

KAHLIL GIBRAN

Hay alguien especial para cada uno de nosotros. A menudo, nos están destinados dos, tres y hasta cuatro seres. Pertenecen a distintas generaciones y viajan a través de los mares, del tiempo y de las inmensidades celestiales para encontrarse de nuevo con nosotros. Proceden del otro lado, del cielo. Su aspecto es diferente, pero nuestro corazón los reconoce, porque los ha amado en los desiertos de Egipto iluminados por la luna y en las antiguas llanuras de Mongolia. Con ellos hemos cabalgado en remotos ejércitos de guerreros y convivido en las cuevas cubiertas de arena de la Antigüedad. Estamos unidos a ellos por los vínculos de la eternidad y nunca nos abandonarán.

Es posible que nuestra mente diga: «Yo no te conozco.» Pero el corazón sí le conoce.

Él o ella nos cogen de la mano por primera vez y el recuerdo de ese contacto trasciende el tiempo y sacude cada uno de los átomos de nuestro ser. Nos miran a los ojos y vemos a un alma gemela a través de los siglos. El corazón nos da un vuelco. Se nos pone la piel de gallina. En ese momento todo lo demás pierde importancia.

Puede que no nos reconozcan a pesar de que finalmente nos hayamos encontrado otra vez, aunque nosotros sí sepamos quiénes son. Sentimos el vínculo que nos une. También intuimos las posibilidades, el futuro. En cambio, él o ella no lo ve. Sus temores, su intelecto y sus problemas forman un velo que cubre los ojos de su corazón, y no nos permite que se lo retiremos. Sufrimos y nos lamentamos mientras el individuo en cuestión sigue su camino. Tal es la fragilidad del destino.

La pasión que surge del mutuo reconocimiento supera la intensidad de cualquier erupción volcánica, y se libera una tremenda energía.

Podemos reconocer a nuestra alma gemela de un modo inmediato. Nos invade de repente un sentimiento de familiaridad, sentimos que ya conocemos profundamente a esta persona, a un nivel que rebasa los límites de la conciencia, con una profundidad que normalmente está reservada para los miembros más íntimos de la familia. O incluso más profundamente. De una forma intuitiva, sabemos qué decir y cuál será su reacción. Sentimos una seguridad y una confianza enormes, que no se adquieren en días, semanas o meses.

Pero el reconocimiento se da casi siempre de un modo lento y sutil. La conciencia se ilumina a medida que el velo se va descorriendo. No todo el mundo está preparado para percatarse al instante. Hay que esperar el momento adecuado, y la persona que se da cuenta primero tiene que ser paciente.

Gracias a una mirada, un sueño, un recuerdo o un sentimiento podemos llegar a reconocer a un alma gemela. Sus manos nos rozan o sus labios nos besan, y nuestra alma recobra vida súbitamente.

El contacto que nos despierta tal vez sea el de un hijo, hermano, pariente o amigo íntimo. O puede tratarse de nuestro ser amado que, a través de los siglos, llega a nosotros y nos besa de nuevo para recordarnos que permaneceremos siempre juntos, hasta la eternidad.

2

Siempre había tenido la sensación de que mi vida, tal como la viví, era una historia sin principio ni final. Me sentía como un fragmento histórico, un pasaje aislado, al que no precede ni sigue ningún texto. Podía imaginarme perfectamente que tal vez había vivido en siglos anteriores y me había hecho preguntas que todavía no era capaz de responder; que tenía que volver a nacer porque no había cumplido la tarea que se me había asignado.

CARL JUNG

Elizabeth era una chica atractiva, alta y delgada, rubia, de pelo largo y mirada triste. Cuando se sentó con aire inquieto en el sillón abatible de piel de color blanco de mi despacho, advertí que sus melancólicos ojos azules, salpicados de motas de color avellana, desmentían la impresión de severidad que causaba su estricto y holgado traje chaqueta azul marino. Elizabeth, tras haber leído *Muchas vidas, muchos maestros* e identificarse en muchos aspectos con Catherine, la heroína del libro, sintió la necesidad de visitarme en busca de aliento.

—No acabo de entender por qué has venido a verme —le comenté para romper el hielo.

Había echado un vistazo a su historial. A los pacientes nuevos les hago rellenar un impreso: nombre, edad, antecedentes familiares, principales enfermedades y síntomas. Las afecciones más importantes de Elizabeth eran la aflicción, la angustia y el insomnio.

A medida que iba hablando, añadí mentalmente a su lista las relaciones personales.

—Mi vida es un caos —declaró.

Su historia empezó a salir a borbotones, como si por fin se sintiera segura para hablar de estas cosas. La liberación de una presión encerrada en su interior era palpable.

A pesar de lo dramática que era su vida y de la profundidad de las emociones que se ocultaban detrás de lo que decía, Elizabeth trató enseguida de restarle importancia.

—Mi vida no es ni mucho menos tan dramática como la de Catherine —dijo—. Nadie escribiría un libro sobre mí.

Dramática o no, su historia seguía su curso.

Elizabeth era una mujer de negocios que dirigía una floreciente empresa de contabilidad en Miami. Tenía treinta y dos años, y se había criado en Minnesota, en un ambiente rural, rodeada de animales en una enorme granja, junto a sus padres y su hermano mayor. Su padre era un trabajador nato, de carácter estoico. Le resultaba muy difícil expresar sus sentimientos. Cuando mostraba alguna emoción, solía ser la furia y la rabia. Perdía el control y se desahogaba bruscamente con su familia; incluso había pegado alguna vez a su hijo. A Elizabeth le reprendía sólo verbalmente, pero ella se sentía muy herida.

Todavía llevaba en su corazón aquella herida de la infancia. Los reproches y críticas de su padre habían dañado la imagen que tenía de sí misma y un profundo dolor atenazaba su corazón. Estaba apocada y se sentía inferior, y le preocupaba que los demás, los hombres en particular, se dieran cuenta de sus defectos.

Afortunadamente, los arrebatos de su padre no eran frecuentes; además solía encerrarse en su caparazón con la frialdad y el estoicismo que caracterizaban su conducta y su personalidad.

La madre de Elizabeth era una mujer independiente y progresista. Fomentaba la confianza de Elizabeth en sí misma y al mismo tiempo la cuidaba con afecto. La época y los hijos hicieron que permaneciera en la granja y aguantara, no sin reproches, la severidad y el retraimiento emocional de su marido.

—Mi madre era una santa —continuó explicando Elizabeth—. Siempre estaba allí, cuidándonos, sacrificándose por sus hijos.

Elizabeth, la pequeña, era la preferida de su madre. Tenía muy buenos recuerdos de su niñez. Los momentos más tiernos eran aquellos en los que se había sentido más cerca de su madre. Aquel amor tan especial las unía y no cesó con el paso de los años.

Elizabeth creció, terminó el bachillerato y se fue a Miami a estudiar en la universidad gracias a una generosa beca. Para ella Miami representaba una exótica aventura, y ejercía una gran atracción sobre ella, que provenía del frío Medio Oeste. A su madre le entusiasmaban las aventuras de Elizabeth. Eran amigas íntimas y, aunque se comunicaban principalmente por correo y por teléfono, su relación seguía siendo sólida. Las vacaciones eran épocas de gran felicidad, pues Elizabeth casi nunca se perdía la oportunidad de volver a casa.

En alguna de estas visitas, su madre mencionó la posibilidad de retirarse al sur de Florida en el futuro para así estar cerca de su hija. La granja era grande y cada vez resultaba más difícil mantenerla. La familia había ahorrado una buena cantidad de dinero que aumentaba gracias a la sobriedad del padre. Elizabeth estaba deseando vivir cerca de su madre otra vez; de esa forma sus conversaciones, casi diarias, ya no tendrían que ser telefónicas.

Elizabeth decidió quedarse en Miami tras terminar los estudios. Creó su propia empresa y la fue afianzando poco a poco. La competencia era feroz y el trabajo absorbía buena parte de su tiempo. Las relaciones con los hombres no hacían más que aumentar su estrés.

Entonces ocurrió la catástrofe.

Aproximadamente ocho meses antes de que viniera a verme, Elizabeth se hundió en la tristeza a causa de la muerte de su madre, provocada por un cáncer de páncreas. Sentía como si su corazón se hubiera roto en mil pedazos, como si se lo hubieran arrancado. Estaba atravesando un periodo de profundo dolor. No conseguía aceptar la muerte de su madre, no entendía por qué había tenido que ocurrir. Angustiada, me explicó cuánto había luchado su madre contra aquel cáncer virulento que estaba devastando su cuerpo. Sin embargo, su espíritu y su amor permanecieron intactos. Ambas sintieron una profunda tristeza. La separación física era inevitable y se acercaba lenta pero inexorablemente. El padre de Elizabeth, quien lloraba ya la pérdida, todavía se distanció más de la familia y se encerró en su soledad. Su hermano, que vivía en California con su familia, acababa de cambiar de trabajo y estaba alejado de ellos. Elizabeth, por su parte, viajaba a Minnesota siempre que podía.

No tenía a nadie con quien compartir sus miedos y su aflicción. No quería ser una carga para su agónica madre. Se reservaba sus penas para ella y por consiguiente se sentía cada vez más apesadumbrada.

—Voy a echarte tanto de menos... Te quiero —le decía su madre—. Para mí, lo más doloroso es abandonarte. No tengo miedo a morir. No temo lo que me espera. Simplemente no quiero dejarte todavía.

A medida que su salud se iba debilitando, su firme propósito de sobrevivir perdía fuerza. Sólo la muerte podría liberarla de la agonía y el sufrimiento. Finalmente llegó el día.

La madre de Elizabeth se hallaba en una pequeña habitación del hospital, rodeada de su familia y sus amigos. Empezaba a respirar con dificultad. La sonda ya no drenaba; sus riñones habían dejado de funcionar. Iba alternando entre la consciencia y la inconsciencia. En un momento en que Elizabeth se encontró a solas con su madre, ésta abrió ligeramente los ojos en un instante de consciencia.

—No te abandonaré —le dijo de repente con voz firme—. ¡Siempre te querré!

Aquéllas fueron las últimas palabras que Elizabeth oyó pronunciar a su madre, que enseguida entró en coma. Su respiración era cada vez más entrecortada, interrumpida por largos silencios, hasta que de pronto se iniciaron los estertores de la agonía.

No tardó en morirse. Elizabeth sintió un vacío inmenso en su corazón y en su vida. Incluso sentía un dolor físico en el pecho. Tenía la sensación de que siempre le iba a faltar algo. Lloró durante meses.

Añoraba las frecuentes conversaciones telefónicas con su madre. Intentó comunicarse con su padre más a menudo, pero él seguía tan introvertido como siempre y nunca tenía mucho que decir. Podía pasarse uno o dos minutos sin pronunciar palabra junto al auricular del teléfono. No era capaz de animar a su hija. Él también sufría, y esto le hacía aislarse todavía más. Su hermano, que vivía en California con su esposa y sus dos hijos pequeños, también se sentía muy afligido por la pérdida, pero tenía que ocuparse de su familia y su trabajo.

El sufrimiento de Elizabeth desembocó en una depresión con unos síntomas cada vez más graves. Le costaba mucho dormir. Le resultaba difícil conciliar el sueño; se despertaba demasiado temprano por la mañana y era incapaz de volver a dormirse. Perdió el apetito y empezó a adelgazar. Su energía había disminuido notablemente. Ya no tenía interés por las amistades y su capacidad de concentración era cada vez menor.

Antes de la muerte de su madre, la ansiedad de Elizabeth se relacionaba principalmente con el trabajo: plazos de entrega y decisiones de responsabilidad. A veces también la angustiaba la relación con los hombres; no sabía cómo actuar ni cómo responderían ellos.

Sin embargo, el nivel de ansiedad de Elizabeth aumentó espectacularmente tras la muerte de su madre. Había perdido a su confidente, consejera y amiga más íntima. Ya no podía contar con su principal apoyo y punto de referencia. Se sentía desorientada, sola y perdida.

Me llamó para pedir hora de visita.

Vino a verme con la intención de averiguar si en una vida anterior había estado junto a su madre o para intentar comunicarse con ella a través de alguna experiencia mística. En algunas conferencias y publicaciones yo había hablado de las personas que, en un estado de meditación, habían tenido estos encuentros místicos con seres queridos. Elizabeth había leído mi primer libro y sabía que se podía tener este tipo de experiencias.

A medida que la gente va aceptando que es posible, incluso probable, que la conciencia siga existiendo después de abandonar el cuerpo, empieza a vivir cada vez más este tipo de experiencias místicas en los sueños y en otros estados de alteración de la conciencia. Es difícil decir si estos encuentros son reales o no. Pero lo que parece evidente es que son intensos y muy emotivos. A veces la persona incluso recibe información concreta, hechos o detalles que sólo eran conocidos por los difuntos. Estas revelaciones que se producen durante los encuentros espirituales no pueden atribuirse únicamente a la imaginación. Ahora estoy convencido de que se obtienen estos nuevos conocimientos y tienen lugar estos encuentros no porque las personas deseen o necesiten que esto ocurra, sino porque simplemente así es como se establecen los contactos.

Los mensajes suelen ser muy parecidos, especialmente en los sueños: «Estoy bien. Me siento perfectamente. Cuídate. Te quiero.»

Elizabeth deseaba ponerse en contacto con su madre. Necesitaba algún tipo de bálsamo para aliviar su continuo dolor.

Durante la primera sesión descubrí nuevos aspectos de su vida.

Había estado casada por poco tiempo con un contratista local que tenía dos hijos de su primer matrimonio. Era una buena persona y, a pesar de no estar locamente enamorada de él, ella pensó que aquella unión podía proporcionar cierta estabilidad a su vida. Sin embargo, la pasión conyugal no se crea artificialmente. Puede haber respeto y compasión, pero la química entre los dos tiene que existir desde el principio. Cuando Elizabeth descubrió que su marido mantenía relaciones con otra mujer por la que sentía más pasión y entusiasmo rompió con él a regañadientes. Lamentó mucho la ruptura y el hecho de separarse de los niños, pero no sufrió por el divorcio. La pérdida de su madre fue mucho más grave para ella.

Elizabeth era guapa, y por ello le resultó fácil establecer relaciones con otros hombres después de su divorcio, pero tampoco éstas se caracterizaron por la pasión. Empezó a dudar de sí misma y a preguntarse qué había en ella que la incapacitara para establecer buenas relaciones con los hombres. «¿Qué hay de malo en mí?», se preguntaba constantemente. Las dudas iban mellando su autoestima.

Las mordaces y dolorosas críticas que su padre le había dirigido durante su infancia le habían causado unas heridas psicológicas que volvían a abrirse con cada fracaso en sus relaciones con los hombres.

Elizabeth empezó a salir con un profesor de una universidad cercana, pero éste no quiso comprometerse con ella debido a sus propios temores. Aunque en su relación había mucha ternura y comprensión, y a pesar de que se entendían bastante bien, la incapacidad de él para comprometerse y confiar en sus propios sentimientos condenó la relación a un final desabrido e insustancial.

Unos meses después, Elizabeth conoció a un próspero banquero con quien inició una nueva relación. Ella se sentía segura y protegida, aunque, una vez más, no había mucha química entre ellos. Sin embargo él, que se sentía muy atraído por Elizabeth, se enfadaba mucho y sentía celos cuando ella no le correspondía con la energía y el entusiasmo que él esperaba. Empezó a beber, y su actitud se fue volviendo cada vez más agresiva. Elizabeth también puso fin a esta relación.

Poco a poco había ido perdiendo la esperanza de encontrar un hombre con quien pudiera establecer una relación íntima y satisfactoria.

Se sumergió totalmente en su trabajo, amplió su empresa y se recluyó entre números, cálculos y papeles. Su vida social se reducía básicamente a los compañeros de trabajo. Si de vez en cuando algún hombre le proponía salir, siempre se las arreglaba para que él perdiera el interés antes de que surgiera algo importante entre ellos.

Elizabeth era consciente de que se estaba haciendo mayor, pero todavía tenía la esperanza de que algún día encontraría al hombre perfecto. De todas formas, había perdido mucha confianza.

La primera sesión, dedicada a recoger información sobre su vida, a establecer un diagnóstico y un enfoque terapéutico y a plantar las semillas de la confianza en nuestra relación, había terminado. El hielo se había roto. Por el momento, decidí no recetarle Prozac ni ninguna otra clase de antidepresivos. Mi objetivo era curarla, no enmascarar los síntomas.

En la siguiente sesión, una semana más tarde, iniciaría el arduo viaje retrospectivo hacia el pasado.

3

*¡Hace tanto tiempo! Y todavía sigo siendo
la misma Margaret. Lo único que envejecen
son nuestras vidas. Donde estamos, los siglos
sólo son como segundos, y después de vivir mil
vidas, nuestros ojos empiezan a abrirse.*

EUGENE O'NEILL

Antes de iniciar el tratamiento de Catherine,
nunca había oído hablar de la terapia de regresión
a vidas pasadas. En la época en que yo estudiaba,
el programa de enseñanza no incluía esta materia,
ni en la Facultad de Medicina de Yale ni en ninguna otra. Todavía recuerdo perfectamente la primera vez que apliqué este método. Había indicado a
Catherine que retrocediera en el tiempo con el
objetivo de descubrir traumas de la infancia que
tenía reprimidos u olvidados, y que yo pensaba

que eran los responsables de su ansiedad y su depresión.

Ella había llegado a un estado de hipnosis profunda que yo le había provocado hablándole con voz suave y relajante. Muy concentrada, atendía a mis instrucciones.

En la primera sesión de terapia realizada una semana antes habíamos practicado la hipnosis por primera vez. Catherine había recordado algunos traumas de su infancia con bastante detalle y emoción. Normalmente, en la terapia de regresión, si los traumas olvidados que se evocan van acompañados de emociones, un proceso que recibe el nombre de «catarsis», el paciente empieza a mejorar. Pero los síntomas de Catherine seguían siendo graves y supuse que lo mejor era que continuara recordando episodios de su niñez aún más reprimidos. De esta manera podría mejorar.

Conseguí que se trasladara a la edad de dos años, pero no fue capaz de recordar nada significativo.

—Regresa al punto en donde tus síntomas empiezan a manifestarse —le ordené claramente y con firmeza.

Me quedé atónito al oír su respuesta.

—Veo unas escaleras de peldaños blancos que conducen a un edificio, un edificio blanco con columnas, abierto. No hay puerta de entrada. Llevo un vestido largo... y un saco de tela tosca.

Tengo el pelo rubio y largo, y lo llevo trenzado.

Era una mujer joven llamada Aronda que vivió hace unos cuatro mil años. Murió inesperadamente en una inundación o un maremoto que arrasó su pueblo.

—Unas olas enormes arrancan los árboles. No hay escape posible. Hace frío, el agua está helada. Tengo que salvar a mi bebé, pero no puedo... sólo puedo apretarlo bien fuerte entre mis brazos. Me ahogo; el agua me asfixia. No puedo respirar, no puedo tragar... agua salada. Me arrancan a mi hija de las manos.

Durante este trágico y emotivo recuerdo, Catherine jadeaba y tenía dificultad para respirar. De repente, su cuerpo se relajó por completo y empezó a respirar profunda y regularmente.

—Veo nubes... Mi hija está conmigo. Y también otras personas de mi pueblo. Veo a mi hermano.

Estaba descansando. Aquella vida había terminado. Aunque ni ella ni yo creíamos en otras vidas, acabábamos de vivir intensamente una experiencia ancestral.

De un modo increíble, el miedo al ahogo y a la asfixia prácticamente desapareció de la vida de Catherine después de aquella sesión. Yo sabía que la fantasía y la imaginación no podían curar aquellos síntomas crónicos, tan profundamente arraigados. Pero la memoria catártica sí.

A medida que pasaban las semanas, Catherine iba recordando más vidas anteriores. Sus síntomas desaparecieron. Se curó sin la ayuda de medicamentos. Juntos descubrimos el poder curativo de la terapia de regresión.

Debido a mi escepticismo y a mi rigurosa formación científica, me costó mucho aceptar la existencia de vidas pasadas. Dos factores acabaron minando mi escepticismo: uno rápido y muy emotivo, y otro gradual e intelectual.

En una de las sesiones, Catherine acababa de recordar que en una vida anterior había muerto víctima de una epidemia que había asolado la región. Cuando todavía se hallaba en profundo estado de trance, consciente de que flotaba por encima de su cuerpo, fue atraída hacia un hermoso rayo de luz. Empezó a hablar:

—Me dicen que hay muchos dioses, porque Dios está en cada uno de nosotros.

Entonces empezó a revelarme detalles muy íntimos sobre la vida y la muerte de mi padre y de mi hijo pequeño. Ambos habían muerto años atrás, muy lejos de Miami. Catherine, que era ayudante de laboratorio del Mount Sinai Hospital, no sabía absolutamente nada de ellos. Nadie podía haberle proporcionado todos aquellos datos. En ningún lugar podía haber conseguido toda aquella información. La precisión de sus detalles fue impresionante.

Yo estaba sobresaltado y me estremecía a medida que ella iba revelando aquellas ocultas, secretas verdades.

—¿Quién está contigo? ¿Quién te está explicando todo esto? —le pregunté.

—Los Maestros —susurró—, me hablan los Espíritus Maestros. Me cuentan que he vivido ochenta y seis veces en un cuerpo físico.

En el transcurso de las sesiones restantes, Catherine transmitió muchos más mensajes que procedían de estos Maestros, unos mensajes hermosos sobre la vida y la muerte, sobre cuestiones espirituales y sobre el cometido de nuestra vida en la tierra.

Mis ojos empezaban a abrirse al tiempo que mi escepticismo era cada vez menor.

Recuerdo que pensaba: «Puesto que Catherine no se equivoca respecto a mi padre y mi hijo, ¿podría entonces averiguar algo sobre las vidas pasadas, la reencarnación y la inmortalidad del alma?»

Creía que sí.

Los Maestros también hablaban de las vidas anteriores.

Elegimos el momento en que entramos en nuestro estado físico y el momento en que lo abandonamos. Sabemos cuándo hemos cumplido la tarea que se nos encomendó realizar aquí en la tierra. Sabemos cuándo se nos acaba el tiempo y entonces aceptamos nuestra muerte. Pues sabemos que esta vida que hemos vivido ya no da más de sí. Cuando llegue el momento, cuando hayamos disfrutado del tiempo necesario para descansar y alimentar de energía nuestra alma, se nos permitirá escoger nuestro regreso al estado físico. Aquellos que dudan, que no están seguros de querer regresar aquí, es probable que pierdan la oportunidad que se les ha brindado, la oportunidad de cumplir con su deber cuando se hallan en estado físico.

Desde que viví esta experiencia con Catherine, he sometido a la terapia de regresión a más de mil pacientes. Pocos, muy pocos, alcanzaron el nivel de los Maestros. Sin embargo, he observado una sorprendente mejoría clínica en la mayoría de estas personas. He visto cómo los pacientes recuerdan un nombre durante la evocación de una vida anterior reciente y después he encontrado documentos que verifican la existencia de esa persona en el pasado, confirmando los detalles de la rememoración. Algunos pacientes incluso han encontrado sus propias tumbas de vidas anteriores.

Varios de mis pacientes han pronunciado algunas palabras en idiomas que nunca han aprendido o incluso oído en su vida actual. También he examinado a algunos niños que hablan lenguas extranjeras que no han aprendido con anterioridad. A esta capacidad se la denomina «xenoglosia».

He leído artículos de otros científicos que trabajan con la terapia de regresión y que han llegado a conclusiones muy similares a las mías.

Tal como describo con detalle en mi segundo libro, *A través del tiempo*, este método es muy útil para pacientes de distintas patologías, especialmente para aquellos que sufren trastornos emocionales y psicosomáticos.

La terapia de regresión es también muy práctica cuando se trata de identificar y eliminar los hábitos negativos recurrentes en un paciente, como por ejemplo la drogadicción, el alcoholismo y los problemas en las relaciones.

Muchos de mis pacientes evocan hábitos, traumas y relaciones desequilibradas que no sólo se manifestaron en sus vidas pasadas, sino que siguen apareciendo en su vida actual.

Pondré como ejemplo el caso de una paciente que al regresar a una de sus vidas anteriores recordó que tenía un marido agresivo y violento que ha aparecido de nuevo en el presente encarnado en su padre. Una pareja muy conflictiva descubrió que se habían matado mutuamente en cuatro de sus vidas pasadas. Las historias y las pautas son interminables.

Cuando se ha identificado la pauta que se repite constantemente y se entienden los motivos de su manifestación, entonces puede romperse. No tiene sentido seguir sufriendo.

No es obligatorio que el terapeuta y el paciente crean en la existencia de vidas anteriores para que la técnica y el proceso de la terapia de regresión funcionen. Pero si se intenta, es frecuente que se obtenga una mejoría.

Casi siempre se produce un crecimiento espiritual.

En una ocasión sometí a la terapia de regresión a un sudamericano que recordaba haberse pasado una vida entera atormentado por los remordimientos, tras haber formado parte del equipo que colaboró en la elaboración y más tarde en el lanzamiento de la bomba atómica en Hiroshima con el objetivo de poner fin a la Segunda Guerra Mundial. Actualmente es radiólogo en un importante hospital y utiliza la radiación y los avances tecnológicos para salvar vidas en lugar de exterminarlas. En su vida actual este hombre es un ser sensible, bondadoso y solidario.

Éste es un ejemplo de cómo puede evolucionar el alma y transformarse aunque haya pasado por vidas deleznables. Lo más importante es aprender, no juzgarse. Él aprendió lecciones de su vida durante la Segunda Guerra Mundial y ha aplicado sus conocimientos y habilidades para ayudar a otras almas en su vida actual. El sentimiento de culpabilidad que sintió en su vida anterior no es importante. Lo que cuenta es aprender del pasado, y no seguir pensando en ello y sintiéndose culpable.

Según una encuesta de *USA Today*/CNN/Gallup realizada el 18 de diciembre de 1994, la creencia en la reencarnación está aumentando en Estados Unidos, un país que no se caracteriza por ir a la zaga en estos fenómenos. El porcentaje de estadounidenses adultos que cree en la reencarnación es del 27%, cuando en 1990 era del 21%.

Pero todavía hay más. El porcentaje de los que creen que puede establecerse contacto con los muertos ha aumentado del 18% en 1990 al 28% en diciembre de 1994. El 90% cree en la existencia del cielo y el 79% en los milagros. Hasta me parece oír a los espíritus aplaudiendo.

4

De modo que la idea de la reencarnación explica de forma muy reconfortante la realidad, permitiendo con ello que el pensamiento hindú venza aquellas dificultades que dejan paralizados a los pensadores europeos.

ALBERT SCHWEITZER

La primera vez que Elizabeth experimentó una regresión fue una semana después. No me costó provocarle un estado hipnótico mediante el rápido método de inducción cuyo objetivo es evitar los bloqueos y las barreras de la mente consciente.

La hipnosis es un estado de gran concentración, pero el ego, la mente, tienen la capacidad de interferir en esta concentración con pensamientos perturbadores. Mediante la rápida técnica de inducción, logré que Elizabeth entrara en un estado de hipnosis profunda en un minuto.

Le había dado una cinta magnetofónica de relajación para que la escuchara durante la semana anterior al inicio de estas sesiones. La había grabado para ayudar a mis pacientes a practicar las técnicas de autohipnosis. Me di cuenta de que cuanto más ensayaban en casa, más profundo era el estado al que llegaban en mi consulta. Esta cinta les ayuda a relajarse y muy a menudo también a dormirse.

Cuando llegó a casa, Elizabeth intentó escucharla, pero no conseguía relajarse. Estaba demasiado ansiosa. ¿Y si pasaba algo? Ella tenía miedo, porque estaba sola y nadie podría ayudarla.

Su mente la «protegía» dejando que la inundaran pensamientos cotidianos para distraer así su atención de la cinta de relajación. El nerviosismo y los pensamientos le impedían concentrarse.

Cuando me explicó lo que le había pasado, decidí llevar a la práctica otro método de hipnosis más rápido con el fin de superar los obstáculos y temores que bloqueaban su mente.

El método más utilizado para provocar un trance hipnótico se llama «relajación progresiva». En primer lugar hay que conseguir que el paciente respire lentamente. A continuación el terapeuta le suscita un estado de relajación indicándole con suavidad que distienda los músculos poco a poco. Después le pide que intente visualizar imágenes agradables y relajantes. Mediante técnicas como la de contar hacia atrás, el terapeuta ayuda al paciente a llegar a un estado de relajación todavía más profundo.

En ese momento, el paciente está en un trance hipnótico entre ligero y moderado, y el terapeuta puede intensificarlo si lo desea. El proceso entero dura unos quince minutos.

Sin embargo, durante este cuarto de hora, es posible que la mente del paciente piense, analice o delibere en lugar de dejarse llevar por la sugestión. En ese caso, se interrumpe el proceso hipnótico.

Los contables y otras personas cuyas profesiones les obligan a pensar de un modo lógico, lineal y muy racional, suelen dejar que su mente interrumpa el proceso. Aunque estaba convencido de que Elizabeth podía llegar a un estado de hipnosis profundo fuera cual fuera la técnica que usara, decidí emplear un método más rápido para asegurarme.

Le indiqué que se sentara inclinada hacia delante, que no apartara la vista de mis ojos y que hiciera presión con la palma de su mano derecha sobre la mía. Yo estaba de pie frente a ella.

A medida que la palma de su mano presionaba la mía, con el cuerpo ligeramente inclinado hacia delante, empecé a hablarle. Sus ojos no se apartaban de los míos.

De repente, sin avisarla, retiré la mano de debajo de la suya. Su cuerpo, entonces sin apoyo alguno, se tambaleó hacia delante. En aquel preciso momento, le dije en voz muy alta: «¡Duérmete!»

Su cuerpo se desplomó al instante sobre el respaldo del sillón. Entró en un profundo trance hipnótico. Mientras su mente se concentraba en no perder el equilibrio del cuerpo, la orden que acababa de darle pasó directamente y sin interferencia alguna a su subconsciente. Elizabeth entró en un estado de «sueño» consciente equivalente a la hipnosis.

—Puedes recordarlo todo, cada experiencia que hayas vivido —le dije.

Ahora ya podíamos emprender el viaje hacia atrás. Quería asegurarme de cuál de sus sentidos predominaba en sus recuerdos y le pedí que pensara en la última vez que había comido bien. Le indiqué que empleara todos sus sentidos al recordar comida. Elizabeth recordó el olor, el sabor, la imagen y la sensación de que la comida estaba recién hecha, y de este modo comprobé que era capaz de evocar recuerdos vívidos. Al parecer, el sentido que predominaba en su caso era la vista.

Seguidamente hice que se trasladara a la infancia para ver si recuperaba algún recuerdo placentero de sus primeros años en Minnesota. Sonrió como una niña pequeña, llena de satisfacción.

—Estoy en la cocina con mi madre. Parece muy joven. Yo también lo soy. Soy pequeña. Tengo unos cinco años. Hacemos pasteles... y galletas. Es divertido. Mi madre se siente feliz. Lo veo todo, el delantal, su pelo recogido. Me encanta cómo huele aquí.

—Pasa a otra habitación y dime lo que ves —le sugerí.

Entró en el salón. Empezó a describir un gran mueble de madera oscura. El suelo estaba desgastado. También vio un retrato de su madre. Era una foto enmarcada que estaba sobre una mesa de madera oscura situada junto a un amplio y cómodo sillón.

—Es mi madre —continuó Elizabeth—. Es guapa... y tan joven. Lleva un collar de perlas. Ella adora esas perlas. Sólo las lleva en ocasiones especiales. Su hermoso vestido blanco... su pelo oscuro... y sus ojos, tan brillantes y vivos.

—Bien —dije—. Me alegra que la recuerdes y que la veas con tanta nitidez.

El hecho de recordar una comida reciente o una escena de la infancia ayuda a consolidar la confianza del paciente en su capacidad para evocar recuerdos. A Elizabeth, estos recuerdos le demuestran que la hipnosis funciona y que no es un proceso peligroso, sino que puede ser incluso placentero. Los pacientes descubren que los recuerdos que evocan suelen ser más vívidos y detallados que los que surgen de la mente consciente.

Nada más abandonar el estado de trance, casi siempre recuerdan conscientemente lo que han evocado durante la hipnosis. Raras veces los pacientes experimentan un estado de trance de tal profundidad que después no recuerden nada. Aunque suelo grabar las sesiones de regresión para más seguridad y para poder recurrir a la cinta en caso necesario, la grabación sólo la utilizo yo. Los pacientes lo recuerdan todo perfectamente.

—Ahora vamos a ir todavía más lejos. No importa si lo que te viene a la mente es imaginación, fantasía, metáfora, símbolo, un recuerdo real o cualquier combinación posible entre estos elementos —le dije—. Dedícate sólo a experimentar. Intenta que tu mente no juzgue, ni critique ni comente lo que experimentes. Simplemente vívelo. Lo único que tienes que hacer es experimentar. Puedes criticarlo y analizarlo todo después. Pero por el momento déjate llevar y vive la experiencia.

»Vamos a retroceder hasta el útero, hasta tu período uterino, justo antes de que nazcas. Sea lo que fuere lo que irrumpa en tu mente, es bueno. Déjate llevar por esta experiencia.

Empecé a contar hacia atrás desde cinco hasta uno para que su estado hipnótico se hiciera más profundo.

Elizabeth se trasladó al útero materno. Sentía seguridad y calor, y el amor de su madre. De sus ojos cerrados brotaron dos lágrimas.

Recordó lo mucho que sus padres la querían, especialmente su madre. Eran lágrimas de felicidad y nostalgia.

Evocó el amor con que se la recibió al nacer, y esto la hizo muy feliz.

La experiencia que vivió dentro del útero materno no es una prueba fehaciente de que el recuerdo fuera preciso o completo. Pero las sensaciones y emociones que tuvo fueron tan intensas, poderosas y reales que hicieron que se sintiera mucho mejor.

En una ocasión, una de mis pacientes recordó bajo hipnosis que había nacido con una hermana gemela que murió en el parto. Sin embargo, mi paciente no lo había sabido hasta entonces porque sus padres nunca se lo habían dicho. Cuando ella les explicó la experiencia que tuvo durante la hipnosis, sus padres le confirmaron la exactitud de su recuerdo. Efectivamente, había tenido una hermana gemela.

Por lo general, no obstante, los recuerdos del útero materno son difíciles de verificar.

—¿Estás preparada para ir todavía más lejos? —le pregunté, con la esperanza de que no se hubiera asustado demasiado después de haber sentido aquellas emociones tan intensas.

—Sí —me contestó tranquilamente—. Estoy preparada.

—Perfecto —dije—. Ahora vamos a ver si puedes evocar algún recuerdo anterior a tu nacimiento, ya sea en un estado místico o espiritual, en otra dimensión o en una vida pasada. Sea lo que sea lo que irrumpa en tu mente, es bueno. No emitas juicios. No te preocupes. Sólo déjate llevar y vive el momento.

Conseguí que empezara a imaginar cómo entraba en un ascensor y apretaba el botón mientras yo iniciaba la cuenta hacia atrás de cinco a uno. El ascensor retrocedía en el tiempo y viajaba a través del espacio, y la puerta se abrió en el momento en que yo pronuncié el número uno. Le indiqué que saliera y que se enfrentara a la persona, escena o experiencia que la aguardaba al otro lado de la puerta. Pero no sucedió lo que yo esperaba.

—Está todo muy oscuro —dijo con voz aterrorizada—. Me he caído del barco. Hace mucho frío. Es horrible.

—Si empiezas a sentirte incómoda —dije interrumpiéndola—, flota por encima de la escena y contémplala como si se tratara de una película. Pero si no te sientes mal, quédate ahí. Observa lo que ocurre. Vive los acontecimientos.

La experiencia la aterrorizó y empezó a flotar por encima de la escena. Se veía a sí misma como un adolescente. Después de haberse caído de un barco en mitad de una noche tormentosa, se había ahogado en esas oscuras aguas. De repente, la respiración de Elizabeth se tranquilizó considerablemente, y pareció recuperarse. Se había separado del cuerpo.

—He salido de este cuerpo —dijo con bastante naturalidad.

Todo esto había ocurrido con gran rapidez. Antes de que pudiera examinar aquella vida, ella ya había abandonado el cuerpo. Le pedí que recordara lo que acababa de experimentar y que me dijera lo que podía ver y entender al respecto.

—¿Qué estabas haciendo en el barco? —le pregunté, intentando retroceder en el tiempo aunque ya hubiera salido de aquel cuerpo.

—Iba de viaje con mi padre —dijo—. De repente, estalló una tormenta. El barco empezó a llenarse de agua y a tambalearse. Las olas eran enormes y salí despedido por la borda.

—¿Qué ocurrió con los demás pasajeros? —le pregunté.

—No lo sé —dijo—, las olas me arrastraron por el barco hasta que caí al agua. No sé qué les pasó a los demás.

—¿Qué edad tenías aproximadamente cuando sucedió esto?

—No lo sé, alrededor de doce o trece años. Era un adolescente —respondió.

No parecía muy deseosa de darme más detalles. Había abandonado aquella vida muy rápido, tanto la vida en sí como el hecho de recordarla en mi consulta. Ya no podíamos obtener más datos. Siendo así, la desperté.

Una semana más tarde Elizabeth estaba menos deprimida a pesar de que no le había recetado antidepresivos para aliviar los síntomas de la aflicción y la depresión.

—Me siento más ligera, más libre, y ya no estoy tan inquieta en la oscuridad —me dijo.

Nunca le había gustado la oscuridad y trataba de no salir sola de noche. En su casa siempre había alguna luz encendida. Sin embargo, la semana anterior había notado una mejoría en este síntoma. Yo no lo sabía, pero tampoco le gustaba nadar, porque le producía angustia. Me explicó que aquella semana se había pasado horas en la piscina y en el *jacuzzi* de la urbanización donde vivía.

Aunque eso no era lo que más la preocupaba, el progreso que había experimentado respecto a aquellos síntomas la reconfortó.

Muchos de nuestros temores se basan en el pasado, y no en el futuro. A menudo, lo que más miedo nos da son hechos que nos han ocurrido en la infancia o en una vida pasada. Como los hemos olvidado o sólo los recordamos muy vagamente, tenemos miedo de que esos hechos traumáticos tengan lugar en el futuro.

Aun así, Elizabeth se sentía triste porque sólo habíamos encontrado a su madre en un remoto recuerdo de la infancia. La búsqueda debía continuar.

La historia de Elizabeth es fascinante. La de Pedro también. Pero sus casos no son los únicos. Muchos de mis pacientes padecen una profunda aflicción, miedos y fobias, y su vida amorosa es un fracaso. Muchos de ellos encuentran a su amor perdido en otro tiempo y otro lugar. Muchos otros consiguen aliviar su dolor recordando vidas pasadas y experimentando estados espirituales.

Algunas de las personas que se han sometido a la terapia de regresión son famosas. Otras son gente corriente con un pasado apasionante. Sus experiencias son un reflejo de los temas universales expresados en el revelador viaje de Pedro y Elizabeth a medida que se aproximaban a la encrucijada de sus destinos.

Todos seguimos el mismo camino.

En noviembre de 1992 viajé a Nueva York con el fin de someter a una terapia de regresión a Joan Rivers, para su programa de televisión. Habíamos quedado en que grabaríamos la sesión en la habitación de un hotel unos días antes de que se retransmitiera el programa en directo. Joan llegó tarde porque el periodista de radio Howard Stern, su invitado especial en el programa de aquel día, la había entretenido. Joan, que venía del plató, no estaba demasiado relajada. Todavía llevaba el maquillaje que le habían hecho para el programa, iba enjoyada y lucía un jersey rojo muy bonito.

Antes de iniciar la sesión, me contó que últimamente estaba muy afligida por la muerte de su madre y de su marido. Se sentó en un sillón de felpa estampado de color beige. Estaba tensa. Las cámaras empezaron a grabar lo que iba ser una escena extraordinaria.

Joan se arrellanó en el sillón y dejó que su mentón reposara ligeramente sobre la palma de su mano. Su respiración se tranquilizó y entró en un estado de hipnosis profunda. «El trance que alcancé era muy intenso», afirmó más tarde.

Iniciamos la regresión, el viaje hacia el pasado. Su primera parada se produjo a la edad de cuatro años. Recordaba un día muy agobiante en su casa porque su abuela había venido a visitarles. Joan la veía con una claridad total.

—Llevo un vestido a cuadros, calcetines blancos y unas sandalias Mary Jane.

Continuamos indagando en un pasado más

remoto. Era 1835 y Joan vivía en Inglaterra. Pertenecía a la nobleza.

—Tengo el pelo muy oscuro. Soy alta y delgada —dijo.

Tenía tres hijos.

—Veo con mucha claridad que uno de ellos es mi madre —añadió.

—¿Cómo sabes que es ella? —le pregunté.

—Simplemente lo sé. Es ella —contestó con firmeza.

No reconoció a su marido, al igual que ella alto y delgado, como una persona presente en su vida actual.

—Lleva un sombrero de copa de piel de castor —dijo, concentrada—. Va bien vestido. Estamos paseando por un gran parque lleno de jardines.

Joan empezó a llorar y dijo que quería abandonar aquella vida. Uno de sus hijos se estaba muriendo.

—¡Es ella! —dijo sollozando, refiriéndose a la hija a la que había reconocido como su madre en la vida actual—. ¡Qué desgracia! ¡Es terriblemente triste! —añadió.

Nos adentramos todavía más en sus vidas pasadas hasta remontarnos al siglo XVIII.

—Es el año mil setecientos y algo... Soy un hombre. Soy granjero —dijo sorprendida por el cambio de sexo.

Esta vida parecía más dichosa.

—Soy muy buen granjero porque amo la tierra profundamente —explicó.

Joan, en su vida actual, adora trabajar en su jardín, la relaja y con esa actividad descansa de su estresante vida profesional en la televisión.

La desperté con suavidad. Su aflicción ya había empezado a aliviarse. Descubrió que su amada madre, que en 1835 fue su hija pequeña en Inglaterra, había sido una de sus almas gemelas a través de los siglos. Aunque ahora estaban otra vez separadas, Joan sabía que volverían a reunirse, en otro tiempo y en otro lugar.

Elizabeth, que no sabía nada de la experiencia de Joan, vino a verme buscando una cura similar. ¿Encontraría ella también a su querida madre?

Mientras tanto, en la misma consulta y en el mismo sillón, separado de Elizabeth por el insignificante lapso de tres días, otro drama se estaba desarrollando.

Pedro sufría mucho. Su vida era un valle de lágrimas, de secretos sin compartir y de deseos ocultos.

El momento del encuentro más significativo de toda su vida se iba acercando, silenciosamente pero con rapidez.

5

Y su dolor no remitía.
Finalmente dio a luz a otro niño, y fue
                              [grande
la alegría del padre, que exclamaba: «¡Un
                              [varón!»
Aquel día sólo él sintió ese júbilo.
La madre, postrada y abatida, estaba pálida
                              [y exánime...
Lanzó de repente un grito de angustia,
pensando en el ausente, no en el recién
                              [nacido...
«¡Yace mi niño en la tumba y no estoy a su
                              [lado!»
Oye de nuevo la amada voz del difunto
en boca del bebé que ahora tiene en sus
                              [brazos:
«Soy yo, ¡pero no lo digas!», susurra
                              [mirándola a los ojos.

VÍCTOR HUGO

Pedro era un joven mexicano extraordinariamente guapo, mucho más agradable de lo que me pareció en un primer momento. Tenía el cabello castaño y unos hermosos ojos azules que adquirían un tono verdoso según el día. Su encanto y su facilidad de palabra ocultaban el dolor que sentía por la muerte de su hermano, que había perdido la vida diez meses antes en un trágico accidente de coche en la ciudad de México.

Muchas de las personas que acuden a mi consulta sienten una profunda aflicción y necesitan entender el porqué de la muerte. En algunos casos también vienen a visitarse porque desean volver a encontrarse con sus seres amados que han fallecido. Este encuentro puede tener lugar en una vida anterior y puede producirse durante el estado espiritual que hay entre una vida y otra. La reunión también puede celebrarse en un contexto místico, más allá de los confines del cuerpo físico y la geografía física.

Tanto si los encuentros espirituales son reales como si no, el paciente experimenta intensamente el gran poder que poseen, y su vida cambia.

La precisión y el detalle con que se recuerdan las vidas pasadas no es un logro voluntario. El paciente que evoca las imágenes no lo hace simplemente porque necesite hacerlo o porque gracias a ellas vaya a sentirse mejor. Lo que recuerda es lo que ha ocurrido.

La precisión de los datos, la intensidad de las emociones que afloran, la resolución de los síntomas clínicos y el poder de transformar la vida que tienen los recuerdos, determinan la realidad de lo que se recuerda.

Lo que más me llamó la atención del caso de Pedro fueron los diez meses que habían transcurrido desde la muerte de su hermano. En ese tiempo, normalmente una persona puede sobreponerse de un duro golpe. Aquella larga época de aflicción indicaba que en su caso había una desesperación subyacente más profunda.

Su tristeza no sólo se debía a la muerte de su hermano. En las sesiones posteriores averigüé que Pedro había perdido a seres queridos en muchas otras vidas pasadas y que era especialmente sensible a la pérdida de un ser amado. La repentina muerte de su hermano despertó en los recovecos más remotos de su inconsciente el recuerdo de otras pérdidas todavía más dolorosas y más trágicas que se habían producido milenios atrás.

Según algunas teorías psiquiátricas, cada vez que experimentamos una pérdida, se avivan sentimientos reprimidos u olvidados y recuerdos de muertes pasadas. Nuestra aflicción es mayor debido al dolor acumulado de pérdidas anteriores.

En mis investigaciones sobre vidas pasadas fui descubriendo que hay que ampliar el escenario de estas pérdidas. No basta con regresar a nuestra infancia. Debemos incluir las pérdidas sufridas en tiempos más remotos, en vidas anteriores. Algunas de nuestras pérdidas más trágicas y de nuestras mayores desgracias se produjeron con anterioridad a nuestro nacimiento.

Antes de seguir adelante tenía que reunir más datos sobre la historia de Pedro. Era necesario que conociera los hechos más importantes de su vida para encarar las futuras sesiones.

—Háblame de ti —le pedí—, de tu infancia, tu familia y todo lo que creas importante. Cuéntame todo lo que creas que debo saber de ti.

Pedro suspiró profundamente y se arrellanó en el mullido sillón. Se aflojó el nudo de la corbata y se desabrochó el botón del cuello de la camisa. A juzgar por su lenguaje corporal, aquello no le iba a resultar fácil.

Provenía de una familia adinerada y políticamente influyente. Su padre era el propietario de una gran empresa y de varias fábricas. Vivían en una fastuosa casa de una zona residencial en las colinas de las afueras de la ciudad.

Pedro se había educado en los mejores colegios privados. Estudió inglés desde pequeño, y después de vivir en Miami varios años, lo hablaba a la perfección. Era el menor de tres hermanos. Se mostraba muy protector con su hermana a pesar de que ella le llevaba cuatro años. Su hermano era dos años mayor que él y estaban muy unidos.

Su padre trabajaba mucho y normalmente no llegaba a casa hasta entrada la noche. Su madre, las niñeras y las criadas se ocupaban de la casa y del cuidado de los niños.

Pedro estudió empresariales en la universidad. Tuvo varias novias, pero no formalizó relaciones con ninguna de ellas.

—Creo que a mi madre nunca le gustaron demasiado las chicas que salían conmigo —me contó—. Siempre veía en ellas un defecto u otro y no cesaba de recordármelo.

En aquel momento Pedro empezó a mirar a su alrededor con un aire de incomodidad.

—¿Qué te ocurre? —le pregunté.

Tragó saliva varias veces antes de empezar a hablar.

—Durante el último año en la universidad tuve relaciones con una mujer mayor... —me dijo despacio—. Era mayor que yo... y estaba casada.

Pedro se calló.

—Está bien —respondí al cabo de unos momentos, más que nada para llenar el silencio.

Percibía su tensión y, a pesar de tantos años de experiencia, aquel sentimiento seguía resultándome desagradable.

—¿Lo sabía su marido? —le pregunté.

—No —contestó—, no sabía nada.

—Podría haber sido peor —señalé, diciendo una obviedad para intentar reconfortarle.

—Pero todavía no he acabado —añadió en un tono que presagiaba algo terrible.

Yo asentí con la cabeza para darle pie a que continuara.

—La dejé embarazada... y ella abortó. Mis padres no saben nada de todo esto —dijo bajando la vista.

Años después, todavía se sentía culpable y avergonzado.

—Entiendo —dije—. ¿Me dejas que te explique lo que he aprendido sobre el aborto?

Asintió con la cabeza. Él sabía que yo era especialista en el campo de la hipnosis y de las vidas pasadas.

—Una interrupción del embarazo o un aborto natural suele estar relacionado con el pacto que se establece entre la madre y el alma que va a entrar en el bebé. O el cuerpo del bebé carecía de la salud suficiente para llevar a cabo su tarea en la vida que le esperaba —continué—, o aquel no era el momento oportuno para sus objetivos, o la situación externa había cambiado, en este caso debido a la desaparición del padre en el momento en que los planes del bebé o de la madre necesitaban la figura paterna. ¿Comprendes?

—Sí —asintió, pero no parecía muy convencido.

Yo sabía que su estricta educación católica acentuaba su sentimiento de culpabilidad y su vergüenza. A veces nuestras creencias fijas son un obstáculo para la adquisición de nuevos conocimientos.

Volví a lo fundamental.

—Te hablaré sólo de mi propia experiencia como investigador y terapeuta —le expliqué—, y no de lo que he leído o de lo que otros me han contado. Se trata de la información que me transmiten mis pacientes cuando están profundamente hipnotizados. A veces las palabras son suyas, y en otros casos por lo visto provienen de una fuente superior.

Pedro asintió de nuevo sin decir palabra.

—Mis pacientes explican que el alma no entra en el cuerpo enseguida. Aproximadamente durante la concepción, el alma reserva el cuerpo. Entonces, ninguna otra alma puede disponer de ese cuerpo. El alma que ha reservado el cuerpo de un determinado bebé puede entrar y salir de él cuando lo desee. No está confinada. Es algo parecido a estar en coma —añadí.

Pedro movía la cabeza en señal de haber entendido mis palabras. Seguía sin hablar, pero me escuchaba atentamente.

—Durante el embarazo, el alma se va uniendo gradualmente al cuerpo del bebé —continué—, pero la unión no es completa hasta que se acerca el nacimiento. Puede producirse un poco antes, durante el parto o nada más nacer.

Para ilustrar este concepto junté mis manos desde la base de las palmas y las separé formando un ángulo de noventa grados. Poco a poco las fui cerrando hasta que se unieron las dos palmas y los dedos simbolizando el gesto universal de la oración y mostrando el vínculo gradual que se produce entre el alma y el cuerpo.

—Un alma no puede ser nunca dañada ni tampoco se la puede matar —dije—. El alma es inmortal e indestructible. Siempre encontrará un camino de regreso si así ha sido dispuesto.

—¿Qué quieres decir? —preguntó Pedro.

—Me he topado con casos en que la misma alma, después de un aborto, provocado o espontáneo, regresa a los mismos padres en el siguiente bebé que procrean.

—¡Increíble! —respondió Pedro.

Su rostro se iluminó, mientras su sentimiento de culpabilidad y su vergüenza se iban desvaneciendo.

—Nunca se sabe —añadí.

Tras unos segundos de reflexión, Pedro suspiró y cruzó las piernas mientras se ajustaba los pantalones. Volvimos a la primera parte de la sesión.

—¿Qué pasó después de aquello? —le pregunté.

—Después de licenciarme volví a casa. Al principio trabajé en las fábricas de mi padre y aprendí cómo funcionaba el negocio. Más adelante vine a Miami para dirigir la sucursal de aquí y ocuparme de las exportaciones. Desde entonces vivo aquí —explicó.

—¿Cómo va el negocio? —le pregunté.

—Muy bien, pero tengo que dedicarle demasiado tiempo.

—¿Eso es un gran problema?

—Perjudica mi vida amorosa —dijo Pedro esbozando una media sonrisa.

No bromeaba del todo. Tenía veintinueve años y sentía que se le estaba escapando el momento de encontrar el amor, casarse y crear una familia. Se le estaba escapando y no había nada en perspectiva.

—¿Te relacionas con mujeres actualmente?

—Sí —contestó—, pero no hay nada especial. No me enamoro... espero que me ocurra algún día —añadió con cierta preocupación en su voz—. Dentro de poco tendré que regresar a México y quedarme a vivir allí —dijo pensativo—, para ocuparme de los asuntos de mi hermano. Tal vez allá conozca a alguna mujer —añadió sin demasiada convicción.

Me pregunté si el hecho de que su madre siempre criticara a sus novias y la experiencia con aquella mujer casada que decidió abortar eran lo que bloqueaba psicológicamente a Pedro a la hora de establecer una relación amorosa. Pensé que lo mejor era dejar estas cuestiones para más tarde.

—¿Cómo está tu familia en México? —pregunté para aligerar el ambiente al tiempo que seguía recogiendo información.

—Están bien. Mi padre tiene más de setenta años y mi hermano y yo... —Pedro se detuvo bruscamente, tragó saliva e hizo una profunda inspiración antes de proseguir—: En fin, ahora tengo más responsabilidad en el negocio —concluyó en voz baja—. Mi madre también está bien.

Hizo una pausa antes de rectificar lo que había dicho:

—Pero ninguno de los dos ha asumido la muerte de mi hermano. Les ha dejado destrozados. Han envejecido mucho.

—¿Y tu hermana?

—Está muy triste, pero tiene a su marido y a sus hijos —me explicó.

Asentí con la cabeza en señal de haberle entendido: su hermana disponía de más recursos para combatir el dolor que él.

Pedro tenía una salud de hierro. Solamente sentía un dolor esporádico en el cuello y en el hombro izquierdo. Esta molestia le incomodaba desde hacía mucho tiempo, pero los médicos nunca le encontraron nada fuera de lo normal.

—Me he acostumbrado a vivir con ello —me dijo.

Al pensar en el tiempo que quedaba consulté el reloj y vi que ya habían pasado veinte minutos de la hora. Normalmente mi alarma interna no falla. «La dramática historia de Pedro debe de haberme absorbido por completo», me dije, sin saber que me esperaban dramas mucho más impactantes que no habían hecho más que empezar a revelarse.

Thich Nhat Hanh, un filósofo y monje budista vietnamita, escribe sobre cómo disfrutar de una buena taza de té. Debemos estar completamente atentos al presente para disfrutar de una taza de té. Sólo siendo conscientes del presente nuestras manos sentirán el calor de la taza. Sólo en el presente aspiraremos el aroma del té, saborearemos su dulzura, y llegaremos a apreciar su exquisitez. Si estamos obsesionados por el pasado o preocupados por el futuro, dejaremos escapar la oportunidad de disfrutar de una buena taza de té. Cuando miremos el interior de la taza, su contenido ya habrá desaparecido.

Con la vida ocurre lo mismo. Si no vivimos plenamente el presente, en un abrir y cerrar de ojos la vida se nos habrá escapado. Habremos perdido sus sensaciones, su aroma, su exquisitez y su belleza, y sentiremos que ha transcurrido a toda velocidad.

El pasado ya ha pasado. Aprendamos de él y dejémoslo atrás. El futuro ni tan siquiera ha llegado. Hagamos planes para el futuro, pero no perdamos el tiempo preocupándonos por él. Preocuparse no sirve para nada. Cuando dejemos de pensar en lo que ya ha ocurrido, cuando dejemos de preocuparnos por lo que todavía no ha pasado, estaremos en el presente. Sólo entonces empezamos a experimentar la alegría de vivir.

6

Creo que cuando alguien muere
su alma regresa a la tierra,
engalanada con algún nuevo disfraz humano;
otra madre le trae al mundo.
Con miembros más robustos y un cerebro
                              [más brillante
la vieja alma emprende de nuevo su
                              [camino.

JOHN MASEFIELD

Una semana más tarde Pedro acudió a mi consulta por segunda vez. El dolor seguía atormentándole. La tristeza le impedía disfrutar de los placeres más simples y no le dejaba dormir. Me empezó a contar un extraño sueño que se le había repetido dos veces en la última semana.

—Mientras soñaba, de repente se me apareció una mujer mayor —me explicó.

—¿La reconociste? —le pregunté.

—No —contestó rápidamente—. Tenía entre sesenta y setenta años. Llevaba un traje blanco precioso, pero no parecía feliz. En su cara se reflejaba la angustia. Se acercó a mí y empezó a repetir lo mismo una y otra vez.

—¿Qué te decía?

—«Dale la mano... dale la mano. Ya verás. Alcánzala. Dale la mano.» Esto es lo que decía —me explicó Pedro.

—¿Que le dieras la mano a quién?

—No lo sé. Solamente me decía: «Dale la mano.»

—¿Pasaba algo más en tu sueño?

—No. Pero recuerdo que llevaba una pluma blanca en la mano.

—¿Qué significa? —le pregunté.

—Tú eres el médico —me recordó.

Sí, pensé. Yo soy el médico. Sabía que los símbolos pueden representar casi cualquier cosa, dependiendo de las experiencias de la persona que sueña, de los arquetipos universales descritos por Carl Jung o de los famosos símbolos de Sigmund Freud.

Sin embargo, este sueño no me parecía freudiano.

Debido a su comentario («Tú eres el médico») y a su implícita necesidad de respuesta contesté con sinceridad:

—No estoy seguro. Podría significar muchas cosas distintas. La pluma blanca puede simbolizar la paz, un estado espiritual y bastantes otras cosas. Tendremos que analizar el sueño —añadí, postergando la interpretación para el futuro.

—Volví a soñar lo mismo ayer por la noche —dijo Pedro.

—¿Y salía la misma mujer?

—La misma mujer, las mismas palabras y la misma pluma —me aclaró—. «Dale la mano… dale la mano. Alcánzala. Dale la mano.»

—Tal vez obtengamos una respuesta con las regresiones —le sugerí—. ¿Estás preparado?

Pedro asintió y pusimos manos a la obra. Yo ya sabía que él era capaz de alcanzar un profundo estado hipnótico, porque había examinado sus ojos previamente.

La capacidad de poner en blanco los ojos al mirar hacia arriba, como intentando verse la coronilla, y parpadear lentamente mientras los ojos siguen mirando hacia arriba está muy relacionada con la capacidad de llegar a un estado hipnótico profundo. Calculo la cantidad de blanco del ojo o esclerótica que asoma cuando la córnea llega a su punto más alto. También examino cuánta parte blanca se ve a medida que los párpados se van cerrando. Cuanto más visible es la esclerótica, más profundo es el estado hipnótico al que la persona puede llegar.

Al examinar los ojos de Pedro advertí que lo único que podía verse era una pequeñísima parte del contorno inferior del iris, la parte coloreada del ojo. Mientras parpadeaba, el iris no cambiaba de posición. Pedro era capaz de alcanzar un profundo estado de trance.

Me sorprendí un poco al comprobar que le costaba relajarse. Como la prueba de la esclerótica era muy fiable para medir la capacidad física de relajarse intensamente y de llegar a estados hipnóticos profundos, me di cuenta de que su mente estaba interfiriendo en el proceso. Algunos pacientes que están acostumbrados a controlarlo todo, al principio se muestran reticentes a abandonarse.

—Simplemente relájate —le aconsejé—. No importa lo que te venga a la mente. No te preocupes si hoy no tienes ninguna experiencia. Es cuestión de práctica —añadí tratando de eliminar la tensión que sentía. Yo sabía que estaba desesperado por encontrar a su hermano.

Mientras yo hablaba, Pedro se iba apaciguando hasta que empezó a entrar en un estado de trance cada vez más profundo. Su respiración se calmó y se le aflojaron los músculos. Parecía que se hundía cada vez más en el sillón abatible. Sus ojos, bajo los párpados cerrados, empezaron a visualizar imágenes.

Poco a poco, lo fui llevando hacia atrás en el tiempo.

—Para empezar, recuerda la última vez que comiste realmente bien. Utiliza todos tus sentidos. Recuérdalo todo: quién estaba contigo, qué sentías —le indiqué.

Lo consiguió pero recordaba varias comidas en lugar de sólo una. Todavía estaba tratando de mantener el control.

—Intenta relajarte más —insistí—. La hipnosis sólo es un estado de profunda concentración. No perderás el control. Siempre mandarás en la situación. Todas las hipnosis son autohipnosis —añadí.

Su respiración era cada vez más profunda.

—No vas a perder el control —le repetí—. Si en algún momento te sientes inquieto mientras tienes un recuerdo o una experiencia, trata de flotar por encima de la escena y de distanciarte de ella, como si vieras una película. También puedes abandonar por completo el recuerdo y trasladarte a cualquier otro sitio. Imagina una playa, tu casa u otro lugar en el que te sientas seguro. Si estás muy intranquilo, incluso puedes abrir los ojos y despertarte, y habrás regresado aquí otra vez, si así lo deseas.

»Esto no es *Star Trek* —añadí—. No tienes que seguir ningún rumbo predeterminado. Se trata sólo de evocaciones, de simples recuerdos, es como si recordaras una buena comida. Tú mandas en la situación —le repetí.

Finalmente se dejó llevar. Volvió a su infancia y en su rostro se dibujó una sonrisa de oreja a oreja.

—Veo perros y caballos en la granja —dijo.

Su familia tenía una hacienda no muy lejos de la ciudad a la que iban durante las vacaciones y los fines de semana.

Veía a toda su familia reunida. Su hermano estaba vivo, rebosante de alegría y de vitalidad. Permanecí en silencio durante unos segundos y dejé que Pedro disfrutara de sus recuerdos de la niñez.

—¿Estás preparado para retroceder todavía más? —le pregunté.

—Sí.

—Perfecto. Vamos a ver si puedes recordar algún acontecimiento de una vida pasada —dije.

Empecé la cuenta atrás de cinco a uno, y Pedro se visualizó atravesando la inmensa puerta del pasado, para entrar en otro espacio, en otro tiempo, en una vida anterior.

Nada más llegar al número uno advertí que parpadeaba con inquietud.

De repente, se asustó. Empezó a sollozar.

—¡Es horrible... espantoso! —dijo jadeando—. Los han matado... están todos muertos.

Había restos de cadáveres esparcidos por todas partes. Un incendio había destrozado todo el pueblo, con sus extrañas tiendas de campaña circulares. Sólo una de ellas estaba intacta, y se levantaba de un modo incongruente en la periferia de aquella matanza y destrucción. En aquel día soleado de invierno, el viento agitaba violentamente las banderas de colores y unas grandes plumas blancas hincadas en las tiendas.

Mataron a los caballos, las vacas y los bueyes. Al parecer, nadie había sobrevivido a aquella masacre. Los «cobardes» del este eran los responsables de la tragedia.

—Ni murallas ni jefes militares los protegerán de mí —juró Pedro.

Ya llegaría la hora de la venganza, pero en ese momento se sentía desesperado, aturdido, desolado.

Con los años he aprendido que la gente, en su primera regresión, suele evocar los acontecimientos más traumáticos de una vida anterior. Esto sucede porque las emociones ligadas al trauma quedan registradas en su psique con tanta fuerza que el alma las arrastra a futuras encarnaciones.

Yo quería saber más. ¿Qué había ocurrido antes de aquella horrible experiencia? ¿Y qué ocurrió después?

—Intenta retroceder todavía más en esta vida —insistí—. Regresa a tiempos más felices. ¿Recuerdas algo?

—Hay muchas viviendas... tiendas. Somos un pueblo poderoso —contestó—. Me siento feliz aquí.

Pedro describió un pueblo nómada de cazadores y ganaderos. Sus padres eran los jefes y él era un corpulento y experto cazador y jinete.

—Los caballos son muy veloces. Son pequeños y tienen grandes colas —dijo.

Estaba casado con la mujer más bella de su pueblo. Con ella había jugado de pequeño y siempre la había deseado, desde que tuvo uso de razón. Podía haberse casado con la hija del jefe vecino, pero prefirió casarse por amor.

—¿Cuál es el nombre de esa región? —le pregunté.

—Creo que se llama Mongolia —contestó dubitativo.

Yo sabía que Mongolia probablemente se llamaba de otro modo en los tiempos en que Pedro vivió allí. Además, hablaban una lengua muy diferente. Entonces, ¿cómo era posible que Pedro conociera el nombre de Mongolia en aquel tiempo? Como estaba recordando, su mente actual filtraba sus recuerdos.

El proceso es parecido al hecho de ver una película. La mente actual es absolutamente consciente, observa y hace comentarios, compara a los personajes y temas de la película con los de su vida. El paciente es el espectador de la película, su crítico y su protagonista al mismo tiempo. Puede emplear sus conocimientos de historia y geografía actuales para datar y localizar los lugares y acontecimientos, y puede permanecer en un estado hipnótico profundo a lo largo de toda la película.

Pedro recordaba perfectamente la Mongolia que existió hace muchos siglos. Sin embargo, hablaba inglés y respondía a mis preguntas a medida que iba recordando.

—¿Sabes cómo te llamas?

—No, no me acuerdo —dijo de nuevo titubeante.

No recordó mucho más. Tenía un hijo, y su nacimiento fue una gran alegría no sólo para él y su mujer, sino también para sus padres y el resto de su pueblo. Los padres de su mujer habían muerto varios años antes de que se casaran, por lo que ella no sólo era una esposa para él sino también una hija para sus suegros.

Pedro estaba exhausto. No quería volver al pueblo devastado para enfrentarse una vez más a lo que quedaba de aquella vida hecha pedazos. Así que le desperté.

Cuando el recuerdo de una vida anterior es traumático y rebosa de emociones, puede ser muy útil regresar por segunda vez a aquel momento, e incluso una tercera vez. En cada uno de los retornos la emoción negativa se va suavizando y el paciente recuerda con más precisión. También aprende más, ya que los bloqueos emocionales y las confusiones disminuyen. Yo sabía que Pedro tenía más cosas que aprender de aquella vida pasada.

Él pensaba quedarse aún dos o tres meses más para resolver sus asuntos personales de negocios en Miami. Todavía teníamos mucho tiempo para investigar meticulosamente aquella vida que pasó en Mongolia. También disponíamos de tiempo para explorar otras vidas. Aún no habíamos encontrado a su hermano. Pero sí que había descubierto una serie de devastadoras pérdidas: su amada esposa, su hijo, sus padres y toda su comunidad.

¿Le estaba ayudando o lo apesadumbraba cada vez más? Sólo el tiempo podría decirlo.

En uno de mis seminarios una participante me explicó una historia maravillosa.

Desde que era pequeña, si dejaba su mano colgando a un lado de la cama, otra mano cogía la suya y le calmaba afectuosamente la angustia por muy intensa que fuera. A menudo, cuando sin darse cuenta suspendía la mano a un lado de la cama y se sorprendía al percibir que otra mano asía la suya, la retiraba de un modo reflejo y de esta forma se rompía la unión.

Siempre sabía cuándo alargar la mano para

sentirse reconfortada. Evidentemente, no había nadie debajo de su cama.

Iba creciendo, y la mano permanecía a su lado. Se casó, pero nunca le contó esta experiencia a su marido, porque pensaba que la consideraría muy infantil.

Cuando se quedó embarazada por primera vez, la mano desapareció. Echaba mucho de menos aquella compañía tan afectuosa y leal. Ya no tenía una mano que cogiera la suya de un modo tan tierno y reconfortante.

Nació su bebé, una hermosa niña. Poco después de su nacimiento, una noche que estaban juntas en la cama, la niña cogió la mano de su madre. De repente, su mente y su cuerpo reconocieron aquel sentimiento tan familiar y profundo. Su protector había vuelto.

Lloró de alegría y sintió una oleada de amor y una conexión que ella sabía que iba mucho más allá del ámbito físico.

7

¿Eres tú la misma doncella que otrora
la detestable tierra abandonó, oh, dímelo,
                              [en verdad,
y ha regresado una vez más a visitarnos?
¿O eres esa joven de dulce sonrisa...?
¿O algún miembro de la prole celestial
venido en un trono de nubes para hacer el
                              [bien al mundo?
¿O perteneces a las huestes de doradas alas,
que ataviadas con ropaje humano
descienden a la tierra desde su asiento
                              [designado
y tras una breve estancia alzan el vuelo y
                              [raudas regresan
para mostrar qué suerte de criaturas
                              [engendra el cielo,
y de ese modo inflamar el corazón de los
                              [hombres
con el fin de que desdeñen este mundo
              [miserable y aspiren al cielo?

JOHN MILTON

Cuando vi a Elizabeth entrar en mi consultorio por tercera vez parecía menos desmoralizada. Le brillaban más los ojos.

—Me siento más ligera —dijo—, más libre...

Aquella breve evocación en la que era un niño que se caía de un barco había empezado a eliminar algunos de sus temores.

No sólo la fobia al agua y a la oscuridad, sino también otros miedos más profundos y básicos como el miedo a la muerte y a la desaparición.

Cuando era ese niño, había muerto; pero aquí estaba una vez más como Elizabeth. A un nivel subconsciente, su angustia parecía atenuarse porque sabía que había vivido en otro tiempo y que viviría otra vez, que la muerte no era el final.

Y si ella podía volver a nacer, con renovadas fuerzas, en un cuerpo nuevo, sus seres queridos también podían hacerlo. Todos renacemos para enfrentarnos nuevamente a las alegrías y tristezas, a los triunfos y las tragedias de la vida en la tierra.

Elizabeth entró rápidamente en trance. En un par de minutos sus ojos titilaban bajo sus párpados cerrados hasta que empezó a visualizar un remoto panorama.

—La arena es hermosa —empezó a decir al recordar una vida como nativa americana, tal vez en la costa oeste de Florida—. Es todo tan blanco... a veces de color rosa... la arena es tan fina, es como azúcar. —Hizo una pausa y continuó—: El sol se pone por detrás del océano. Por el este veo unas ciénagas inmensas repletas de pájaros y animales. Hay muchas islas pequeñas entre los pantanos y el mar. El agua está llena de peces. Pescamos en los ríos y en los mares que separan unas islas de otras. —Volvió a hacer una pausa y prosiguió—: Estamos en paz. Me siento muy feliz. Mi familia es numerosa; creo que tengo muchos parientes en este poblado. Conozco muy bien las raíces, las plantas y las hierbas... Elaboro medicinas con las plantas... Sé cómo curar.

En las culturas de los nativos americanos no estaba penalizado emplear pócimas curativas ni realizar ninguna otra práctica holista. Los curanderos eran muy respetados e incluso venerados y no se los consideraba brujos ni se les ahogaba o quemaba en la hoguera.

Regresó a aquella vida pasada pero no emergieron recuerdos traumáticos. Su vida era placentera y dichosa. Murió de vieja rodeada del poblado entero.

—Mi muerte no ha provocado excesiva tristeza —observó después de flotar por encima de su cuerpo marchito y de observar la escena que se desarrollaba debajo—; a pesar de todo, parece que está todo el pueblo en pleno.

No se sintió en absoluto molesta por el hecho de que la gente del poblado no se afligiera por su muerte. Le tenían un enorme respeto y cariño a su cuerpo y a su alma. Lo único que faltaba era la tristeza.

—Nosotros no lloramos las muertes, porque sabemos que el espíritu es eterno. Si no ha finalizado su tarea, el espíritu regresa de nuevo en forma humana —explicó—. A veces, examinando meticulosamente el cuerpo nuevo, se llega a descubrir la identidad del cuerpo anterior —dijo, y después de reflexionar en ello durante unos momentos, añadió—: Buscamos marcas de nacimiento en donde había cicatrices y también otras señales. Del mismo modo, tampoco celebramos los nacimientos... aunque es muy agradable volver a ver al espíritu otra vez —continuó explicando, y después hizo una pausa, tal vez para buscar las palabras con las que describir el concepto.

»Aunque la tierra es muy bella y nos muestra constantemente la armonía y la interrelación que hay entre todas las cosas, lo cual es una lección magistral, la vida aquí es mucho más dura. Con el gran espíritu no existen la enfermedad, el dolor, la separación; no hay ambición, competencia, odio, miedo ni enemigos; sólo paz y armonía. Por lo tanto, el espíritu pequeño, al regresar, no puede ser feliz después de haber abandonado ese paraíso. No obraríamos bien si hiciéramos celebraciones cuando el espíritu está acongojado. Sería un acto muy egoísta e insensible —concluyó—.

Pero esto no significa que no demos la bienvenida al espíritu que regresa —añadió rápidamente—. Es importante que en un momento tan vulnerable como éste le demostremos nuestro amor y afecto.

Una vez que explicó este fascinante concepto de la muerte sin tristeza y el nacimiento sin ceremonia, se quedó callada, descansando.

Una vez más, tenemos aquí el concepto de la reencarnación y la reunión en forma física de la familia, los amigos y los amores de otra vida. A lo largo de la historia, en todos los tiempos y en diferentes culturas, este concepto surge de un modo aparentemente independiente.

El vago recuerdo de aquella vida remota quizá la haya ayudado a regresar a Florida, que le recordaba, en un nivel muy profundo, un hogar ancestral. Tal vez la sensación que producen la arena y el mar, las palmeras y los manglares evocó los recuerdos de su alma, induciéndola a retornar mediante una seducción subconsciente, porque aquella vida había sido más agradable y satisfactoria que la actual.

Seguramente, al agitarse en su interior aquel pasado, se sintió impulsada a solicitar una beca para estudiar en la Universidad de Miami, la obtuvo y se mudó a esta ciudad. No fue casualidad. El destino requería su presencia aquí.

—¿Estás cansada? —le pregunté dirigiendo

mi atención de nuevo a Elizabeth, quien seguía tranquila descansando reclinada en el sillón.

—No —contestó con serenidad.

—¿Quieres investigar en otra vida?

—Sí —dijo todavía más calmada.

Volvimos a retroceder en el tiempo y apareció otra vez en un viejo paraje.

—Esta tierra está desolada —dijo Elizabeth después de haber oteado el paisaje—. Veo unas montañas altas, caminos sucios y polvorientos, los comerciantes transitan por ellos. Es una ruta para comerciantes que van del este al oeste.

—¿Sabes en qué país estás? —le pregunté en busca de más detalles.

No me gustaba importunarla con demasiadas preguntas que activaran el hemisferio izquierdo del cerebro, la parte donde reside la lógica. Este tipo de preguntas podían interferir en la inmediatez de la experiencia, que pertenece al hemisferio derecho, por ser una función intuitiva.

De todas maneras, Elizabeth estaba profundamente hipnotizada. Podía responder esas preguntas y aun así continuar viviendo la experiencia. Los detalles también eran muy importantes.

—La India... creo —contestó dudosa—. Tal vez al oeste de la India... Las fronteras no están claramente delimitadas. Vivimos en las montañas y hay unos caminos que están reservados para los comerciantes —añadió, volviendo a la escena.

—¿Te reconoces a ti misma?

—Sí. Soy una muchacha, de unos quince años. Mi piel es oscura y mi cabello es negro. La ropa que llevo está sucia. Trabajo en los establos, cuido caballos y mulas. Somos muy pobres. El clima es frío; se me enfrían tanto las manos trabajando aquí... —dijo Elizabeth con una mueca y frotándose las manos.

Esta muchacha tenía una inteligencia innata, pero no recibió educación alguna. Su vida era una carrera de obstáculos. Los comerciantes abusaban de ella a menudo y a veces le daban un poco de dinero. Su familia no podía protegerla. El frío atroz y el hambre constante la atormentaban. Sólo una cosa alegraba su vida.

—Hay un joven que viene a menudo por aquí con su padre y otros comerciantes. Me quiere, y yo le quiero. Es amable y divertido y nos lo pasamos muy bien juntos. Ojalá se quedara aquí y pudiéramos estar siempre juntos.

No ocurrió así. Ella murió a los dieciséis años. Con el cuerpo devastado por aquel frío tan penetrante y aquella vida tan dura, cayó enferma y murió de una pulmonía. Su familia estuvo junto a ella en su lecho de muerte.

Elizabeth no estaba triste cuando recordaba aquella vida tan breve. Había aprendido una importante lección.

—El amor es la fuerza más poderosa del mundo —dijo suavemente—. Crece y florece incluso en tierras heladas y en las condiciones más duras. Existe siempre y en todas partes. El amor es una flor que brota en las cuatro estaciones.

Una bella sonrisa iluminó su rostro.

Uno de mis pacientes, un abogado católico, acababa de hacer una regresión a una vida en la Europa medieval. Había recordado su muerte en aquella vida, caracterizada por la avaricia, la violencia y la falsedad. Era consciente de que algunos de estos defectos seguían estando presentes en su vida actual.

Ahora, reclinado en el mullido sillón de cuero de mi consulta, se vio a sí mismo flotando fuera del cuerpo que le había albergado en la Edad Media. De golpe se encontró de pie en un entorno diabólico, entre fuegos y demonios. Esto me sorprendió. Aunque muchas veces mis pacientes se habían referido a su muerte en vidas pasadas, nunca antes había sido testigo de una experiencia en el infierno.

Casi siempre la gente se sumerge en una luz hermosa e indescriptible que le renueva el espíritu y le infunde energía. Pero, ¿el infierno?

Esperé a que ocurriera algo, pero él me dijo que nadie le prestaba atención. Él también estaba esperando. Transcurrían los minutos. Finalmente, apareció una figura espiritual que él identificó como Jesús y se le acercó. Fue el primer ser que advirtió su presencia.

«¿No te das cuenta de que todo esto es un espejismo? —le dijo Jesús—. ¡Sólo el amor es real!»

Enseguida desaparecieron las llamas y los demonios, dejando que aquella luz hermosa reluciera de nuevo después de haber estado oculta detrás del espejismo.

Algunas veces conseguimos lo que esperábamos, pero puede que no sea real.

8

El secreto del mundo es que todas las cosas subsisten y no mueren; tan sólo se retiran y desaparecen de nuestra vista para regresar más tarde. Nada muere; los hombres fingen estar muertos y tienen que aguantar la parodia de sus funerales y afligidas necrológicas, y ahí están, de pie, mirando por la ventana, sanos y salvos, con un nuevo y extraño disfraz.

RALPH WALDO EMERSON

Tanto Pedro como yo necesitábamos conocer mejor el origen de aquel intenso dolor que se había incrementado desde la trágica muerte de su hermano. Teníamos que hallar una explicación a la superficialidad de sus relaciones. ¿Quizá las críticas continuas de su madre a sus

novias y el sentimiento de culpabilidad por aquel aborto le impedían enamorarse de verdad? ¿O tal vez no había encontrado todavía a la mujer idónea?

El proceso de regresión es parecido al de buscar petróleo: Nunca se sabe exactamente dónde excavar, pero cuanto más profunda es la perforación, más posibilidades hay de encontrarlo.

En esa sesión estábamos profundizando más.

Hacía muy poco tiempo que Pedro había empezado a recordar sus vidas pasadas. Es frecuente que en las primeras exploraciones se evoquen los momentos más traumáticos de las vidas anteriores. Una vez más, esto volvió a ocurrir.

—Soy un soldado... inglés, creo —dijo Pedro—. Llegamos todos en un barco para tomar por asalto la fortaleza de los enemigos. Es enorme, con altos y gruesos muros. Han interceptado el puerto con unas rocas inmensas. Hemos de acceder por otro lugar.

Pedro se calló. La invasión se retrasaba.

—Sigue adelante en el tiempo —le sugerí—. Intenta ver qué ocurre después.

Le di tres palmadas en la frente para concentrar su atención y ayudarle a avanzar en el tiempo.

—Hemos podido acceder por las rocas y hemos entrado en la fortaleza —dijo resoplando y sudando—. Hay unos pequeños túneles, los atravesamos pero no sabemos adónde nos dirigimos,

los túneles son estrechos y de techos bajos. Avanzamos agachados y en fila.

Pedro empezó a sudar muchísimo. Respiraba muy rápido y parecía muy alterado.

—Enfrente hay una puerta pequeña. La abrimos y entramos.

»¡Dios mío! —exclamó súbitamente—. Los españoles están al otro lado. Nos van matando a medida que entramos, uno por uno... ¡Me han clavado una espada! —dijo dando un grito ahogado y llevándose una mano al cuello. Su respiración se aceleró todavía más. Se estaba quedando sin aire y las gotas de sudor se deslizaban por su cara y le empapaban la camisa.

De repente se quedó quieto, empezó a respirar con regularidad y se tranquilizó. Le pasé un pañuelo por la frente y el rostro para secarle, y poco a poco, dejó de transpirar.

—Floto por encima de mi cuerpo —dijo—. He dejado esta vida... tantos cadáveres... tanta sangre... pero ahora floto por encima de ellos.

Continuó flotando en silencio durante unos minutos.

—Haz un repaso de esta vida —le indiqué—. ¿Qué has aprendido? ¿Cuál es la lección?

Él consideró con especial cuidado estas preguntas, desde una elevada perspectiva.

—He descubierto que la violencia refleja una profunda ignorancia. Mi muerte fue absurda. Fallecí lejos de mi hogar y de mis seres queridos, por culpa de la codicia de los demás. Los ingleses y los españoles se mataron los unos a los otros estúpidamente en tierras lejanas a causa del oro. Lo robaron y se mataron por él. La codicia y la violencia acabó con sus vidas... se habían olvidado del amor...

Pedro se quedó en silencio. Dejé que descansara y asimilara aquellas extraordinarias lecciones. Yo también me puse a pensar en ellas. Con el paso de los siglos, desde esa muerte sin sentido de Pedro en la fortaleza, lejos de su hogar inglés, el oro se ha transformado en dólares, libras, yenes y pesos, pero todavía nos matamos los unos a los otros por él. En realidad esto ha ocurrido siempre a lo largo de la historia. Qué poco hemos aprendido con los siglos. ¿Cuánto más necesitamos sufrir antes de recordar de nuevo que el amor existe?

Pedro, sentado en el sillón, empezó a mover la cabeza de un lado a otro. Sonreía de placer. De un modo espontáneo, acababa de entrar en otra vida mucho más reciente. Tan pronto como empezó a recordar vidas pasadas, las experiencias que visualizó fueron especialmente vívidas.

—¿Qué te ocurre ahora?

—Soy una mujer —dijo—. Soy bastante guapa. Tengo el pelo largo y rubio, los ojos azules y la piel muy blanca.

Vestía un elegante traje, y era una prostituta muy cotizada en Alemania después de la Primera Guerra Mundial. A pesar de que el país estaba abrumado por una inflación galopante, los ricos disponían de dinero para disfrutar de sus servicios.

Pedro tenía dificultades para recordar el nombre de aquella elegante mujer.

—Magda, creo —dijo.

Dejé que continuara, pues no quería desviar su atención de las imágenes que estaba evocando.

—El trabajo me va muy bien —dijo Magda con orgullo—. Soy la confidente de políticos, altos cargos militares y hombres de negocios muy importantes.

Conforme iba recordando más detalles, su tono se volvía más arrogante.

—Están todos obsesionados por mi belleza y mi talento —añadió—. Yo siempre sé lo que tengo que hacer.

Pensé para mí: «Seguramente gracias a todas tus vidas como hombre.»

Luego empezó a susurrar.

—Ejerzo una gran influencia sobre todos ellos... Puedo hacerles cambiar de opinión... Harían cualquier cosa por mí —dijo orgullosa de su posición y su capacidad para dominar a aquellos hombres tan poderosos—. Generalmente sé más que ellos —continuó en un tono ligeramente compungido—. ¡Yo les doy lecciones de política!

Le encantaban el poder y las intrigas políticas.

Magda tenía una voz excelente y solía cantar en locales nocturnos muy refinados. Aprendió a manipular a los hombres. Sin embargo, su poder político era indirecto. Siempre tenía que ejercerlo por mediación de los hombres y se sentía frustrada por ello. En una vida futura, Pedro no iba a necesitar intermediarios.

Un hombre joven estaba de pie, apartado del resto.

—Es el más inteligente y formal de todos —dijo Magda—. Tiene el pelo castaño y los ojos azules... ¡Se apasiona con todo lo que hace! Nos pasamos largas horas hablando. Y creo que nos queremos.

No reconoció a este hombre como alguien perteneciente a su vida actual.

Pedro tenía ahora un aire triste. Vi cómo se le formaba una lágrima en el ojo izquierdo.

—Lo dejé por otro hombre, uno mayor, más importante y poderoso, que me quería sólo para él. No seguí los impulsos de mi corazón. Cometí un grave error. Le hice mucho daño. Nunca me perdonó... no lo entendió.

Magda optó por la seguridad y el poder en lugar de inclinarse por el amor, la verdadera fuente de la fuerza y la seguridad.

Por lo visto aquella decisión se convirtió en

un punto crítico en su vida. Llegó a una encrucijada en su camino, y una vez eligió, ya no pudo volver atrás.

Este hombre mayor perdió el poder cuando la política alemana se desplazó bruscamente hacia los nuevos y violentos partidos.

Abandonó a Magda. Ella había perdido la pista de aquel joven apasionado. Con el tiempo se empezó a deteriorar físicamente debido a una afección sexual crónica, probablemente la sífilis. Cayó en una fuerte depresión que no fue capaz de superar.

—Ve al final de esta vida —le insté—. Trata de ver lo que te ocurrió y quién estaba contigo.

—Estoy en un camastro de un hospital. Es un hospital para pobres. Hay mucha gente enferma que gime: los más miserables de la tierra. ¡Debemos de estar en el infierno! —dijo.

—¿Puedes verte?

—Mi cuerpo es grotesco —contestó Magda.

—¿Hay médicos y enfermeras contigo?

—Están por ahí —contestó con amargura—. No me hacen caso, no sienten pena por mí. No están de acuerdo con la vida que he llevado ni con lo que he hecho. Y ahora me están castigando —añadió.

Aquella vida llena de belleza, poder e intrigas había pasado a ser patética. Flotó por encima de su cuerpo, libre por fin.

—Ahora estoy en paz. Sólo quiero descansar —dijo.

Pedro se quedó en silencio. Continuaríamos revisando aquella vida en otra ocasión. Él estaba agotado y le desperté.

En las cinco semanas siguientes, su dolor crónico en el cuello y el hombro izquierdo empezó a remitir. Los médicos que le atendieron nunca encontraron el origen de aquella dolencia. Evidentemente tampoco consideraron la posibilidad de que su causa fuera una herida mortal de espada que Pedro recibió varios siglos atrás.

La estrechez de miras de la mayoría de la gente no deja de sorprenderme. Conozco a muchas personas que están obsesionadas por la educación de sus hijos. Se preocupan por cuál será el mejor parvulario, por si es preferible llevarlos a una escuela privada o pública, por cuáles son los cursos preparatorios para la selectividad mejor diseñados. Piensan que de este modo sus hijos obtendrán mejores notas y gracias a ello, y también a las actividades extracurriculares que habrán realizado, estarán en condiciones de entrar en aquella universidad determinada, de cursar ese máster en concreto, y así *ad infinitum*. Luego, repiten el mismo ciclo con sus nietos.

Tales personas piensan que este mundo no

evoluciona y que el futuro será una réplica del presente.

Si seguimos devastando nuestros bosques y destruyendo así nuestras fuentes de oxígeno, ¿qué van a respirar nuestros hijos dentro de treinta o cuarenta años? Si no dejamos de envenenar el agua y los alimentos naturales, ¿de qué se nutrirán? Si continuamos produciendo un exceso de CFC y otros desechos orgánicos y agujereando sin ningún escrúpulo la capa de ozono, ¿podrán vivir en el exterior? Si nuestro planeta se sobrecalienta debido al efecto invernadero y el nivel de los océanos aumenta hasta inundar nuestras costas y presionar demasiado las fallas oceánicas y continentales, ¿dónde vivirán? Y los hijos y nietos de los chinos, los africanos, los australianos y del resto del mundo son tan vulnerables como los demás, pues también son inevitablemente residentes de este planeta. Además hay otra cuestión. Si nos reencarnamos, no hay duda de que seremos uno de estos niños.

Entonces, ¿por qué nos preocupamos tanto por los tests de inteligencia y por las universidades cuando no dispondremos de un mundo que albergue a nuestros descendientes?

¿Por qué la gente se obsesiona tanto por vivir muchos años? ¿Para qué conseguir unos pocos años más de vida? ¿Para pasarlos infelizmente en un geriátrico? ¿De qué sirve preocuparse por el nivel de colesterol, las dietas ricas en fibra, el control de las grasas, los ejercicios aeróbicos, etc.?

¿No tendría más sentido disfrutar del presente, realizarnos cada día, amar y ser amados, y no preocuparnos tanto de la salud física en ese futuro incierto? ¿Y si no hay futuro? ¿Y si la muerte es una liberación y un estado de felicidad?

Con esto no quiero decir que nos olvidemos de nuestro cuerpo y que fumemos y bebamos en exceso ni tampoco que abusemos de ciertas sustancias o nos volvamos obesos. Esto nos causaría dolor, aflicción e incapacidad física. Simplemente dejemos de preocuparnos tanto por el futuro. Tratemos de ser felices ahora.

La paradoja es que, adoptando esta actitud y sintiéndonos dichosos en el presente, es probable que vivamos más años.

El cuerpo y el alma son como el coche y el conductor. Recordemos siempre que somos el conductor y no el coche. No debemos identificarnos con el vehículo. Este empeño actual en prolongar nuestra vida, en vivir hasta los cien años, es una locura. Sería como conservar nuestro viejo Ford después de haber recorrido con él más de trescientos mil kilómetros. La carrocería está oxidada, el circuito de transmisión se ha reparado cinco veces, el motor se está cayendo a trozos, y aun así nos resistimos a cambiarlo. Entretanto, hay un

Corvette de primera mano esperándonos a la vuelta de la esquina. Sólo hemos de bajar tranquilamente del Ford y subirnos al hermoso Corvette. El conductor, el alma, nunca cambia. Sólo cambiamos de coche.

Y, por cierto, creo que a vosotros os está esperando un Ferrari en la calle.

9

Hasta donde me alcanza la memoria, inconscientemente me he remitido a las experiencias de un estado previo de la existencia [...] Viví en Judea hace ochocientos años, pero nunca supe que Cristo estaba entre mis contemporáneos. Las mismas estrellas que me miraban cuando era un pastor en Asiria me miran ahora como ciudadano de Nueva Inglaterra.

HENRY DAVID THOREAU

Pasaron dos semanas antes de que viera de nuevo a Elizabeth, pues se ausentó de la ciudad en viaje de negocios, algo que solía hacer muy a menudo. Aquella sonrisa con la que había abandonado su última sesión se había desvanecido. La realidad y las presiones de la vida cotidiana se reflejaban de nuevo en su rostro.

A pesar de todo, ella deseaba continuar su viaje de retorno al pasado. Había empezado a recordar importantes acontecimientos y lecciones de otras vidas. Había tenido un atisbo de esperanza y felicidad. Quería más.

Se sumió en un trance profundo.

Evocó las piedras de Jerusalén y sus diferentes colores; iban cambiando de tonalidad con la luz del día y de la noche. A veces eran doradas. Otras, tenían un tono rosado o beige. Pero aquel color dorado siempre volvía. Recordó los polvorientos caminos empedrados de su pueblo, cercano a Jerusalén, las casas, los habitantes, su indumentaria y sus costumbres, las higueras y los viñedos, los campos de trigo y de lino. Al fondo de una calle había un pozo rodeado de viejos robles y granados. En Palestina corrían tiempos de intensa actividad espiritual y religiosa, al parecer como siempre, tiempos de cambios y de sufrimiento, pero también de esperanza, tiempos duros, de ganarse la vida a duras penas, de una constante opresión por parte de los invasores romanos.

Recordó que su padre era un alfarero que se llamaba Eli y que trabajaba en casa. Con el agua del pozo y la arcilla hacía recipientes de diferentes formas, como jarrones, cuencos y otros utensilios de cocina para la familia, para los habitantes del pueblo y, en ocasiones, para venderlos en Jerusalén.

A veces los mercaderes iban a su pueblo a comprarle jarros, ollas o tazones. Elizabeth describió meticulosamente el torno de alfarero que su padre utilizaba y la habilidad con que éste lo hacía girar, además de muchos otros detalles de la vida en el pueblo. Ella se llamaba Miriam y era una niña feliz que vivió en una época turbulenta. Cuando las revueltas empezaron a estallar en su pueblo, su vida cambió para siempre.

Avanzamos hacia el siguiente suceso que marcó su vida: la muerte prematura de su padre después de ser capturado por los soldados romanos, que fustigaban continuamente a los cristianos que vivían en Palestina en aquella época. Jugaban cruelmente con ellos sólo para entretenerse. En uno de estos pasatiempos, mataron a su amado padre sin querer.

Primero le ataron por los tobillos a un caballo que montaba un soldado y lo arrastraron por las calles. Al cabo de un minuto, que se le hizo interminable, el caballo se detuvo. Su cuerpo estaba apaleado, pero él logró sobrevivir a aquel suplicio. Miriam, aterrorizada, oía los gritos y las risas de los soldados. Aún no habían acabado con él.

Dos de aquellos romanos se enrollaron los cabos de la cuerda alrededor del torso y empezaron a dar brincos como harían unos caballos. Su padre salió despedido hacia delante y se golpeó la cabeza con una roca muy grande. Le hirieron de muerte.

Los soldados lo dejaron tirado en medio de la polvorienta calle.

La sinrazón de aquel suceso vino a añadirse a la profunda angustia, la rabia, la amargura y la desesperación que sintió Miriam tras la violenta muerte de su padre. Para los soldados aquello no era más que un deporte. Ni tan siquiera sabían quién era aquel hombre. Nunca habían sentido su mano suave cuando curaba con cariño los rasguños de su hija ni habían visto con qué diligencia manipulaba el torno. Tampoco conocían el aroma que despedía su cabello después de tomar un baño, ni la dulzura de sus besos y sus abrazos. No habían convivido diariamente con aquel hombre tan amable y cariñoso.

Sin embargo, en unos pocos minutos de terror, pusieron fin a una bella existencia y llenaron de aflicción los restantes años de Miriam, que nunca llegó a superar aquella pérdida ni a llenar aquel tremendo vacío. Todo por diversión. Estaba indignada por la irracionalidad de aquel hecho. Sus lágrimas de odio se entremezclaban con las de dolor.

Arrodillada en el camino polvoriento y manchado de sangre, la niña acunaba la cabeza de su padre, que descansaba sobre su regazo. El hombre ya no hablaba. Un hilo de sangre se escapaba por la comisura de sus labios. Miriam oía un borboteo en el pecho de su padre cada vez que él se esforzaba en respirar. Estaba a punto de morir. Sus ojos se iban ensombreciendo; se acercaba el final de su vida.

—Te quiero, padre —susurró fijando la vista en aquellos ojos agonizantes—. Siempre te querré.

Mirándola por última vez, su padre pestañeó en señal de haber comprendido el mensaje, y sus apagados ojos se cerraron para siempre.

Miriam se quedó meciéndolo en su regazo hasta la puesta del sol. Su familia y los habitantes del pueblo se llevaron el cuerpo para preparar el entierro. La niña tenía presente la mirada de su padre. Estaba segura de que él la había entendido.

Al sentarme en silencio, inmovilizado por la profunda desesperación de Elizabeth, me di cuenta de que la cinta de grabación se había acabado. Coloqué una nueva y se encendió otra vez la luz roja de grabación. El aparato volvía a funcionar.

Asocié el dolor actual de Elizabeth con el que había sufrido en Palestina hacía casi dos mil años. ¿Me encontraba ante otro caso en el que el dolor de un pasado remoto acrecentaba el dolor actual? La experiencia de la reencarnación y el conocimiento de que existe la vida después de la muerte, ¿podían sanar aquel sufrimiento?

Centré mi atención en Elizabeth.

—Avanza en el tiempo. Ve hasta el próximo hecho importante en esa vida —le indiqué.

—No hay ninguno —respondió.

—¿Qué quieres decir?

—No ocurrió nada importante. Voy hacia delante... pero no sucede nada.

—¿Nada de nada?

—No. Nada —repitió pacientemente.

—¿No te casas?

—No. No vivo muchos más años. No me importa la vida. No cuido de mí misma.

La muerte de su padre la había afectado tan intensamente que cayó en una fuerte depresión cuyos efectos la llevaron a una muerte prematura.

—He salido del cuerpo de Miriam —anunció Elizabeth.

—¿Qué te ocurre ahora?

—Floto... floto —dijo mientras su voz se apagaba gradualmente.

No tardó en hablar otra vez, pero las palabras que pronunciaba no eran suyas. Su voz era más potente y profunda. Elizabeth consiguió lo mismo que Catherine, algo que muy pocos pacientes logran hacer. Transmitió mensajes e información de los Maestros, seres sobrenaturales, procedentes de dimensiones superiores. Mi primer libro recoge gran parte de su sabiduría.

Yo podía percibir mensajes similares cuando meditaba, pero las palabras adquirían un sentido más profundo cuando provenían de mis pacientes. Sabía que tenía que confiar más en mis propias capacidades como oyente para recibir y percibir los mismos conceptos procedentes de las mismas fuentes.

—Recuerda —dijo la voz—. Recuerda que siempre eres amado. Siempre estás protegido. Nunca estás solo. Tú también eres un ser de luz, de sabiduría y de amor. Y nunca serás olvidado. Nunca se te ignorará. No eres tu cuerpo, no eres tu cerebro, ni siquiera eres tu mente. Eres espíritu. Lo único que debes hacer es conseguir que tu memoria vuelva a despertar, a recordar. El espíritu no tiene límites, ni los límites del cuerpo físico ni los del intelecto o la mente...

»A medida que la energía vibratoria del espíritu va disminuyendo para que pueda vivir experiencias en ambientes más densos como vuestro plano tridimensional, el espíritu se va cristalizando y se va transformando en cuerpos cada vez más densos. El nivel de mayor densidad equivale al estado físico. En este estado, el ritmo vibratorio es el más lento, y el tiempo transcurre muy rápido, porque está en relación inversamente proporcional al ritmo de la vibración. Conforme éste aumenta, el tiempo transcurre más despacio. Esto explica por qué resulta difícil escoger el cuerpo apropiado y el momento oportuno para regresar al estado físico: se debe a la irregularidad del tiempo. Hay muchos niveles de conciencia y diferentes estados vibratorios. Pero no es primordial que conozcáis todos los niveles.

»El primer nivel de los siete existentes es el más importante. Es fundamental que experimentéis el primer plano en lugar de teorizar sobre los planos superiores. A la postre tendréis que experimentarlos todos... Tu tarea es la de enseñar basándote en la experiencia. Selecciona todo lo que es creencia y fe y transfórmalo en experiencia para que el aprendizaje sea completo, porque la experiencia trasciende la creencia. Enséñales a experimentar. Acaba con sus miedos. Debes enseñarles a amar y a ayudarse mutuamente. Esto implica el libre albedrío de los demás. Pero trata de llegar a ello con amor. Extiéndeles una mano con compasión, para ayudarles. Esto es lo que debéis hacer en vuestro plano.

»Los humanos siempre piensan que son los únicos seres del universo. Esto no es cierto. Hay muchos mundos y muchas dimensiones; muchas, muchas más almas que recipientes físicos. Además, el alma puede separarse en dos partes si lo desea y vivir más de una experiencia al mismo tiempo. Esto es posible, pero se requiere un nivel de crecimiento que muchos todavía no han alcanzado. Al final, veréis que sólo hay un alma, como una pirámide, y que toda experiencia se comparte simultáneamente. Pero por ahora, no es así.

»Cuando mires a los ojos a otra persona, a cualquiera, y veas tu propia alma reflejada, entonces sabrás que has alcanzado otro nivel de conciencia. En este sentido la reencarnación no existe, porque todas las vidas y todas las experiencias son simultáneas. Pero, en el mundo tridimensional, la reencarnación es tan real como el tiempo, las montañas o los océanos. Es una energía como cualquier otra y su realidad depende de la energía de quien la percibe. Mientras una persona perciba los cuerpos físicos y los objetos materiales, la reencarnación será real para ella. La energía se compone de luz, amor y conocimiento. Aplicar con amor este conocimiento conduce a la sabiduría... Actualmente existe una gran falta de sabiduría en vuestro plano.

Elizabeth dejó de hablar. Al igual que Catherine, recordó los detalles de sus vidas físicas anteriores; en cambio, no se acordaba en absoluto de los mensajes provenientes del estado intermedio entre dos vidas. Ambas mujeres se hallaban en un trance profundo cuando transmitieron esos mensajes. Muy pocos pacientes llegan a un nivel tan profundo como para sufrir amnesia. Elizabeth, al igual que Catherine, podía ayudar a corregir con sus mensajes «la falta de sabiduría en nuestro plano».

Antes de que Elizabeth terminara su tratamiento, recogimos muchos más datos.

Mi contacto con la sabiduría de los Maestros fue escaso, porque la terapia de Catherine finalizó cuando ella se recuperó. Sin embargo, voy recibiendo más información de un sueño esporádico, increíblemente auténtico, casi lúcido, tal y como he explicado en las conferencias transcritas al final de mi libro *Muchas vidas, muchos maestros*. En algunas ocasiones, los mensajes vienen a mí cuando me encuentro en un estado parecido al sueño, de meditación profunda. Por ejemplo, se me reveló un método de psicoterapia para el siglo XXI, de naturaleza psicoespiritual, que podría reemplazar en el futuro las anticuadas técnicas tradicionales.

Los mensajes y las imágenes se acumulaban en mi cerebro a gran velocidad y con una claridad brillante y fugaz a la vez. Lamentablemente, no podía grabar en una cinta a mi mente, la estación receptora. Así, pues, las ideas son como piedras preciosas, pero mis palabras, tratando de explicar y definir esos veloces pensamientos, son como la escoria. El comienzo fue un claro mensaje:

«Todo es amor... todo es amor. Con el amor llega la comprensión. Con la comprensión llega la paciencia. Y entonces el tiempo se detiene. Y todo es ahora.»

Comprendí al instante la autenticidad de estos pensamientos. La realidad es el presente. Morar en el pasado o en el futuro es insano y doloroso. La paciencia detiene el tiempo. El amor de Dios lo es todo.

Enseguida caí en la cuenta de que estos pensamientos estaban dotados de un poder terapéutico. Empecé a comprender.

—El amor es la respuesta primordial. No es una abstracción, sino una energía real, o una gama de energías, que tú mismo puedes crear y conservar dentro de tu ser. Se trata simplemente de amar. Estás empezando a alcanzar a Dios dentro de ti. Siente el amor, y exprésalo.

»El amor hace que el miedo se desvanezca. No puedes sentir ningún temor si sientes amor. Como todo es energía y el amor abarca todas las energías, todo es amor. Ésta es la clave de la naturaleza de Dios.

»Cuando amas y no tienes miedo, eres capaz de perdonar. Puedes perdonar a los demás y también perdonarte a ti mismo. Así empiezas a ver las cosas desde la perspectiva apropiada. El sentimiento de culpabilidad y la rabia son reflejos del mismo temor. La culpa es una rabia sutil que diriges hacia dentro. Perdonando disuelves la culpa y la ira, que son sentimientos innecesarios, emociones nocivas. Perdona. Es un acto de amor.

»El orgullo es un obstáculo para el perdón, una manifestación del ego, que es el yo falso y transitorio. Tú no eres tu cuerpo, ni tu cerebro, ni tu ego. Eres más poderoso que todos ellos. Necesitas que tu ego sobreviva en el mundo tridimensional, pero sólo la parte que procesa información. El resto, el orgullo, la arrogancia, la desconfianza, el miedo, son sentimientos totalmente innecesarios. Estos aspectos del ego te alejan de la sabiduría, de la felicidad y de Dios. Has de trascender el ego y encontrar tu verdadero yo, que es permanente, la parte más profunda de ti, tu parte sabia, llena de amor, la que te proporciona confianza y te da felicidad.

»El intelecto es importante en el mundo tridimensional, pero la intuición lo es aún más.

»Lo que creéis que es la realidad es una ilusión, y viceversa. La realidad es el reconocimiento de vuestra inmortalidad, divinidad y eternidad. La ilusión es vuestro mundo tridimensional y transitorio. Esta inversión de los términos es perjudicial para vosotros. Ansiáis la ilusión de la seguridad en lugar de desear la seguridad de la sabiduría y el amor. Anheláis ser aceptados cuando, en realidad, nunca podéis ser rechazados. El ego crea espejismos y encubre la verdad. Debéis disolverlo y dejar que la verdad salga a la luz.

»Con el amor y la comprensión llega la perspectiva de la paciencia infinita. ¿De qué sirve tener prisa? De todas maneras, aunque tú no lo veas así, el tiempo no existe. Cuando no vives en el presente y te dejas absorber por el pasado o te preocupas por el futuro, te apenas y te afliges a ti mismo. El tiempo también es una ilusión. Incluso en el mundo tridimensional, el futuro es sólo un sistema de probabilidades. Entonces, ¿por qué te preocupas?

»Puede hacerse una terapia para el yo. Comprender forma parte de ella. El amor es la terapia fundamental. Los terapeutas, los maestros y los gurus pueden ayudarte, pero sólo durante un tiempo limitado. El camino verdadero es la introspección, y tarde o temprano deberás recorrerlo sin ayuda de nadie. Aunque, en realidad, nunca estás solo.

»Cuando sea necesario, mide el tiempo, pero hazlo en lecciones aprendidas y no en minutos, horas o días. Puede curarte en cinco minutos si alcanzas el nivel de entendimiento adecuado. O puede tardar cincuenta años. Da lo mismo.

»Debes recordar el pasado y después olvidarlo. Déjalo atrás. Este proceso es útil tanto para los traumas de la infancia como para los de vidas anteriores, y también sirve para cambiar de actitud, para aclarar los malentendidos, para modificar los sistemas de creencias que se nos han inculcado y para renovar todo tipo de viejas ideas. De hecho, puede aplicarse a toda clase de pensamientos. ¿Cómo podrás ver las cosas con claridad y frescura si reina el caos en tu mente? ¿Y si necesitas aprender algo nuevo? ¿Y si has de adoptar una nueva perspectiva?

»Los pensamientos crean la ilusión de la división y la diferencia. El ego la perpetúa y esta ilusión conduce al miedo, la angustia y un profundo sufrimiento, que a su vez, producen rabia y violencia. ¿Cómo puede haber paz en el mundo cuando predominan estas caóticas emociones? Hay que desenmarañarlas, volver al origen del problema, a los pensamientos, a los viejos pensamientos. Dejad de preocuparos y emplead vuestra sabiduría intuitiva para sentir el amor otra vez. Meditad. Sed conscientes de que todo está entrelazado y relacionado entre sí. Concentraos en la unidad, no en las diferencias. Fijaos en vuestro yo verdadero. Contemplad a Dios.

»La meditación y la visualización os ayudarán a detener el caudal de vuestros pensamientos y a empezar vuestro viaje de regreso al pasado. Así se producirá la curación. Empezaréis a utilizar vuestra nueva mente. Veréis. Comprenderéis. Vuestra sabiduría crecerá. Entonces habrá paz.

»La relación que mantienes contigo mismo es similar a la que mantienes con los demás. Has vivido en muchas épocas y en distintos cuerpos. Por consiguiente, pregúntale a tu yo actual por qué tiene tanto miedo. ¿Por qué te asusta correr riesgos razonables? ¿Acaso te preocupa tu reputación o lo que los demás piensen de ti? Estos miedos te condicionan desde la infancia o incluso desde antes.

»Hazte estas preguntas: ¿Qué tengo que perder? ¿Qué es lo peor que puede ocurrir? ¿Quiero vivir el resto de mi vida en estas condiciones? Comparado con la muerte, ¿esto es tan arriesgado?

»En tu evolución, no tengas miedo de encolerizar a otras personas. La cólera sólo es manifestación de su inseguridad. El hecho de tener miedo de su ira puede frenar tu progreso. La rabia sería algo simplemente estúpido si no generara tanto sufrimiento. Transfórmala en amor y perdón.

»No permitas que la depresión o la angustia obstaculicen tu desarrollo. Cuando te deprimes, pierdes la perspectiva, olvidas y das las cosas por sentado. Agudiza tu atención. Recapacita sobre tus valores. *Recuerda* qué es lo que no debes dar por hecho. Cambia tu punto de vista y no olvides lo que es importante y lo que no lo es. Evita caer en la rutina. No pierdas la esperanza.

»Cuando te angustias, te sientes perdido dentro del ego, sin límites que te protejan. Se despierta en ti un vago recuerdo de falta de amor, una herida en tu amor propio, una pérdida de paciencia y de serenidad. Recuerda que nunca estás solo.

»Ten el valor de correr riesgos. Eres inmortal. Nadie puede hacerte daño.

A veces los mensajes no son tan psicológicos y parecen proceder de una fuente más tradicional, más didáctica. El estilo es algo diferente, casi como si se tratara de un dictado.

—Existen varios tipos de karma, de deudas por saldar. El karma individual corresponde a las propias obligaciones de la entidad, que sólo le pertenecen a ella. Pero también hay un karma colectivo, las deudas del grupo, y existen diversos grupos: religiones, razas, nacionalidades, etc. En un nivel más amplio, está el karma planetario, que afecta al destino del planeta y sus consecuencias. En el karma colectivo, no sólo hay deudas individuales acumuladas y sedimentadas, sino que sus consecuencias terminan por atribuirse al grupo, al país o al planeta. La aplicación de este karma colectivo determina el futuro del grupo o del país. Pero también se aplica al individuo que se reencarna dentro del grupo o del país, o al mismo tiempo y en relación con ese grupo o país aunque no pertenezca a él, o en una época posterior...

»La acción se convierte en una acción correcta cuando se lleva a cabo a lo largo del camino, a través del sendero que conduce a Dios. El resto de caminos acaban siendo falsos senderos o espejismos, y la acción que se lleva a cabo a lo largo de ellos no es la acción correcta. Así pues, la acción correcta estimula la espiritualidad de la persona y su recuperación. Toda acción que favorezca la justicia, la misericordia, el amor, la sabiduría y todos los atributos que denominamos divinos o espirituales es inevitablemente una acción correcta. Los frutos de las acciones que se llevan a cabo por los otros caminos son transitorios, ilusorios y falsos. Son frutos tentadores y engañosos, pero no son lo que realmente deseamos. Los frutos de una acción correcta abarcan todos nuestros objetivos y anhelos y todo lo que necesitamos y deseamos.

»La fama es un buen ejemplo. Todo aquel que persigue la fama como una meta en la vida, probablemente la obtendrá durante un tiempo. Pero esta fama será pasajera e insatisfactoria. Sin embargo, si la fama llega de un modo espontáneo, como resultado de la acción correcta, de la acción llevada a cabo por el camino, se conservará y será verdadera, aunque para la persona que se halla en el camino, esto no será importante. He aquí la diferencia entre el deseo egoísta de fama, por parte de la persona, y la fama no buscada y no deseada, que es el resultado de la acción correcta. La primera es ilusoria y efímera. La segunda es real y duradera, y es fiel al alma. En el primer caso se acumula el karma, y es necesario saldarlo; en el segundo, no.

A veces los mensajes se suceden como destellos y son muy concisos:
—El objetivo no es ganar sino explorar.

Luego, como si les volviera a tocar el turno, los mensajes son de nuevo más psicológicos y adquieren la forma de impresiones que se suceden una detrás de otra, como centelleos.
—Dios perdona, pero también debes ser perdonado por los demás, y tienes que perdonarlos a ellos. El perdón también es una responsabilidad tuya. Debes perdonar y ser perdonado. El psicoanálisis no repara los daños. Tienes que ir más allá del entendimiento y realizar cambios, mejorar el mundo, arreglar las relaciones, perdonar a los demás y aceptar su perdón. Es suma-

mente importante perseguir la virtud sin descanso. Solamente hablar de ella no es suficiente. Entender con el intelecto y no aplicar un remedio tampoco es suficiente. Pero expresar el amor sí lo es.

10

He estado antes aquí,
pero no sabría decir cuándo,
conozco la hierba que hay más allá de la
                                    [puerta,
el aroma sano y penetrante,
el rumor acompasado, las luces de la costa.
Habías sido mía antes,
no puedo decir cuánto tiempo hace de ello;
pero justo cuando te giraste
para ver volar la golondrina,
un velo cayó y lo supe todo de los tiempos
                                    [pasados.

DANTE GABRIEL ROSSETTI

Pedro estaba recordando una vida anterior
llena de complicaciones. A veces, las vidas más
difíciles son las que nos brindan más posibilidades
de aprender, de recorrer nuestro camino con

mayor rapidez. Las vidas más llevaderas suelen ofrecernos menos posibilidades para progresar que las difíciles. Son momentos para descansar. Pero estaba claro que la vida que Pedro recordaba aquel día no era de las más fáciles.

De repente él se enfureció y apretó con fuerza los dientes.

—Me obligan a irme, y yo no quiero... ¡no deseo esta clase de vida!

—¿Adónde te obligan a ir? —le pedí que me aclarara.

—Quieren que tome los hábitos, que me haga monje ¡y yo no lo quiero! —repitió.

Se quedó en silencio un minuto, pero seguía enfadado. Después empezó a explicarse.

—Soy el hijo menor. Mis padres esperan esto de mí —continuó—. Pero yo no quiero dejarla, estamos enamorados. Si me voy, alguien ocupará mi lugar... y yo no podría soportarlo. ¡Antes prefiero morir!

Pero no murió. Lo que ocurrió fue que poco a poco se fue resignando hasta conformarse con la única opción que tenía. Tuvo que separarse de su amada. Con el corazón desgarrado, continuó viviendo.

Pasaron unos años.

—Ahora ya no es tan terrible. Llevo una vida pacífica. Me siento muy cerca del abad y he decidido permanecer a su lado.

Después de otro silencio, se produjo un reconocimiento.

—Él es mi hermano... mi hermano. Estoy convencido. Estamos muy unidos. ¡Reconozco sus ojos!

Finalmente Pedro se había reencontrado con su hermano fallecido. Su dolor empezaba a aliviarse, porque si ambos habían estado juntos anteriormente, podían estarlo otra vez.

Transcurrieron unos cuantos años. El abad envejeció.

—Pronto me abandonará —pronosticó Pedro—, pero nos reuniremos otra vez, en el cielo... Hemos rezado para que así sea.

El abad murió y Pedro lamentó su pérdida.

Rezó y meditó. Pronto le llegaría su hora. Enfermó de tuberculosis y tosía constantemente. Le costaba respirar. Sus hermanos espirituales le hacían compañía alrededor de su lecho.

Le dejé que pasara rápidamente al otro lado. No era necesario que sufriera otra vez.

—Ahora sé lo que es la ira y el perdón —empezó a decirme sin dejar que le preguntara lo que había aprendido de aquella vida—. He aprendido que sentir rabia es estúpido. Corroe el alma. Mis padres hicieron lo que creyeron más apropiado, tanto para mí como para ellos. No comprendieron la intensidad de la pasión que yo sentía, ni tampoco que era yo quien tenía el derecho de decidir el camino de mi vida, y no ellos. Su intención era buena, pero no comprendieron. Fueron unos ignorantes; pero yo también lo he sido. He intentado dominar las vidas de otras personas. Entonces, ¿por qué juzgarles o reprocharles algo cuando yo me he comportado como ellos?

Se calló y luego prosiguió:

—Por eso es tan importante perdonar. Todos hemos hecho cosas por las cuales condenamos a otros. Si deseamos que se nos perdone, debemos perdonar. Dios nos perdona. Nosotros también deberíamos hacerlo.

Pedro seguía repasando lo que había aprendido.

—Si yo hubiera tenido claro mi camino, no me habría encontrado con el abad —concluyó—. Siempre que busquemos compensación, gracia y bondad, las encontraremos. Si yo hubiera estado resentido por la vida que llevaba y hubiera seguido viviendo con rabia y amargura, habría perdido la oportunidad de encontrar el amor y la bondad que me brindaron en el monasterio.

Todavía quedaban algunas lecciones de menor importancia.

—Me he dado cuenta de lo importante que es rezar y meditar —añadió.

Después permaneció en silencio reflexionando sobre lo que había aprendido durante su vida piadosa y lo que esto significaba.

—Quizá fue mejor sacrificar el amor de la pareja por el inmenso amor de Dios y de mis hermanos —conjeturó.

Yo no estaba seguro de ello y Pedro tampoco. Cientos de años después, él escogió un camino muy diferente en su vida como Magda.

El siguiente paso en su viaje para verificar dónde se unían el amor espiritual y el humano se produjo inmediatamente después del recuerdo de su vida como monje.

—Alguien me arrastra hacia otra vida —dijo con brusquedad—. ¡Mi deber es ir!

—¡Adelante! —le insté—. ¿Qué ocurre?

—Estoy tumbado en el suelo, herido de gravedad... Hay unos soldados por aquí cerca. Me han arrastrado por el suelo y las rocas... ¡Me estoy muriendo! —dijo jadeando—. Me duelen mucho la cabeza y un costado —murmuró con un hilo de voz—. Ya nadie se interesa por mí.

Poco a poco fui conociendo el final de la malograda historia de este hombre.

Cuando dejó de reaccionar, los soldados se marcharon. Los veía por encima de su cuerpo con sus cortos uniformes de piel y sus botas. No parecían muy contentos, pues sólo habían querido divertirse a costa de él sin llegar a matarlo. No es que se arrepintieran, ya que para ellos la vida de los demás no valía gran cosa; pero el juego no había terminado como ellos pensaban.

La hija acudió en busca de su padre. Triste y llorosa, le mecía suavemente la cabeza en su regazo. Él sentía que la vida se iba escapando de su cuerpo. Debía de tener las costillas rotas, porque cada vez que respiraba sentía un dolor agudo en el torso. En la boca sentía el sabor de la sangre.

Casi no le quedaban fuerzas. Intentó decirle algo a su hija, pero no logró pronunciar ni una sola palabra. Se oyó un lejano gorgoteo que provenía de algún profundo lugar de su cuerpo.

—Te quiero, padre... —oyó que su hija le susurraba.

No podía responder. Él la quería mucho. Iba a añorarla más de lo que un ser humano es capaz de soportar.

Cerró los ojos por última vez y aquel intenso dolor desapareció. Pero, de algún modo, todavía podía ver. Se sentía más libre y ligero que nunca. Se vio a sí mismo mirando hacia abajo y contemplando su cuerpo deshecho, y observó cómo su hija acunaba sobre su regazo la cabeza y los hombros relajados de aquel cuerpo. La niña sollozaba y no era consciente de que su padre estaba en paz, de que ya no sufría. Mientras lo mecía suavemente, tenía los ojos clavados en el cuerpo de su padre, un cuerpo que ya no albergaba su espíritu.

Él ya estaba preparado para abandonarles.

También ellos gozarían de este bienestar. Sól[o]
tenían que recordar que, cuando les llegara l[a]
hora, abandonarían su cuerpo.

Percibió una luz deslumbrante, más reluciente y maravillosa que la que producirían mil soles juntos.

Sin embargo, podía mirarla directamente. Alguien que se hallaba cerca de aquella luz o dentro de ella le estaba haciendo señas. ¡Su abuela! Tenía un aspecto joven, radiante y saludable. Tuvo la necesidad de ir a su encuentro y se desplazó hacia la luz sin dudarlo un segundo.

Alcanzó a leer un mensaje en los pensamientos de su abuela: «Me alegro de volver a verte, pequeño. Ha pasado mucho tiempo.»

Lo abrazó espiritualmente y juntos se encaminaron hacia el interior de la luz.

Mi mente me llevó hasta mi primer hijo, Adam, que vivió una vida muy breve. Creo que fue aquella imagen de la afligida hija de Pedro mientras acunaba a su padre moribundo entre el polvo la que despertó en mí este recuerdo.

Carol y yo nos abrazamos consolándonos mutuamente después de una llamada telefónica del hospital. Adam había muerto a los veintitrés días. Aquella arriesgada operación a corazón abierto no consiguió salvarle la vida. Lloramos

juntos, pues era lo único que podíamos hacer.

El dolor físico y psíquico que nos invadió era insoportable. Nos costaba respirar. Si inspirábamos profundamente, nos dolía el corazón; el aire no llegaba a nuestros pulmones. Parecía como si llevásemos un corsé apretado que no podíamos aflojar de ninguna manera.

Con el tiempo, aquella profunda tristeza fue suavizándose, pero el vacío en el corazón seguía intacto. Tuvimos a Jordan y a Amy, que son unos hijos fenomenales, pero no podían remplazar a Adam.

El paso del tiempo nos ayudó. Las olas de dolor se van diluyendo al igual que las ondas sobre la superficie de un lago cuando se arroja una piedra. Pero todo en nuestra vida estaba conectado con Adam, como las ondas alrededor del lugar en que se hundió la piedra.

Poco a poco, fuimos rehaciendo nuestra vida con nuevas amistades y experiencias, que no estaban tan directamente conectadas con Adam y nuestro sufrimiento. Las ondas se iban alejando del centro. Más acontecimientos, más novedades, más personas en nuestra vida. Nuestro espacio se llenaba de oxígeno. Ya podíamos inspirar profundamente otra vez. El dolor nunca se olvida; pero, a medida que el tiempo va pasando, se puede vivir con él.

Diez años después, en Miami, nos reencon-

tramos con Adam. Nos habló a través de Catherine, la paciente que aparece en *Muchas vidas, muchos maestros*, y, después de aquello, nuestra vida cambió radicalmente. Tras una década de sufrimiento, empezamos a entender la inmortalidad del alma.

11

El hombre vive y muere muchas veces
entre sus dos eternidades,
la de la estirpe y la del alma,
y la vieja Irlanda lo sabía.
Muera el hombre en su lecho
o bien caiga por arma de fuego,
una breve separación de los suyos
es lo único que debe temer.
Aunque es larga la tarea de los sepultureros,
sus palas son resistentes y sus músculos
[fuertes.
No hacen sino devolver a los que entierran
a la mente de los hombres.

W. B. Yeats

Elizabeth sollozaba silenciosamente sentada
en el sillón abatible.

Como el rímel dibujaba cercos alrededor de sus ojos, le ofrecí un pañuelo y ella se limpió la cara sin poner demasiada atención mientras las oscuras lágrimas descendían a toda prisa hacia el mentón.

Acababa de recordar una vida anterior en la que era una mujer irlandesa cuya existencia había terminado felizmente y en paz. Pero el gran contraste entre esa vida pasada y la actual, llena de ausencias y desesperación, le causó mucho dolor. Por eso lloraba, a pesar del final feliz. Eran lágrimas de tristeza, no de alegría.

La sesión se había iniciado de un modo tranquilo. Elizabeth hacía muy poco tiempo que había recuperado la energía y la suficiente confianza en sí misma como para entablar una relación de pareja, en este caso con un hombre mayor.

Elizabeth se sintió atraída inicialmente por su posición social y su dinero, pero no había química entre ellos, por lo menos por parte de ella. La razón le decía a gritos que se asentara, que aceptara que él era un hombre que le iba a proporcionar seguridad; además, parecía que él la quería bastante. El corazón, sin embargo, le decía que no. «No sigas adelante. No le quieres; y sin amor, ¿qué queda?»

Finalmente, su corazón ganó la batalla. Aquel hombre la presionaba para que profundizaran sus relaciones, tuvieran contactos sexuales y se comprometieran.

Elizabeth decidió romper. Se sintió aliviada por un lado y triste por estar sola otra vez, pero no se deprimió. Consiguió encajar muy bien la ruptura. Sin embargo, allí estaba, con los ojos hinchados, la nariz tapada y el rímel corrido.

Cuando empecé el proceso de regresión entró en un estado de trance profundo y empezamos el viaje retrospectivo. Esta vez el lugar era Irlanda, varios siglos atrás.

—Soy muy bonita —dijo, describiéndose a sí misma—. Tengo los ojos azules y el pelo oscuro. Voy vestida modestamente y no estoy maquillada ni llevo joyas. Parece que quiero esconderme. Tengo la piel blanca como la nieve.

—¿De qué quieres esconderte? —le pregunté para no perder el hilo.

Se quedó callada unos segundos buscando la respuesta.

—De mi marido... sí, de él. ¡Oh, es un patán! No deja de beber y se vuelve agresivo. Es tan egoísta. ¡Maldito el día en que me casé con él!

—¿Por qué le escogiste? —le pregunté inocentemente.

—Yo no lo escogí, nunca le hubiera escogido. Mis padres lo decidieron, y ahora están muertos. Ellos ya se han ido, pero yo todavía tengo que convivir con él. No tengo a nadie más —dijo añadiendo un tono de tristeza y fragilidad a la cólera que había en su voz.

—¿Tienes hijos? ¿Vivís con alguien más? —le pregunté.

—No —dijo. Su ira se iba calmando y cada vez parecía más triste—. No puedo... Tuve un... un aborto. Una hemorragia, una infección. Me han dicho que no puedo tener hijos. Él está enfadado conmigo por esto. Me echa la culpa porque no puedo darle hijos. ¡Como si yo lo hubiera deseado! —dijo enfadada otra vez—. Me pega —añadió bajando el tono de voz—. Me pega y me trata como a un perro. Lo odio.

Se calló y empezaron a brotar lágrimas de sus ojos.

—¿Te pega? —repetí.

—Sí —contestó simplemente.

Esperé a que continuara, pero no tenía ganas de explicar los detalles.

—¿Dónde te pega? —insistí.

—En la espalda, en los brazos, en la cara. En todas partes.

—¿Puedes detenerle?

—A veces. Solía defenderme, pero era peor, porque me hacía más daño. Bebe demasiado. No me queda más remedio que aguantar los golpes. Al final se cansa y para... hasta la vez siguiente.

—Mírale de cerca —le aconsejé—. Mírale a los ojos. A ver si le reconoces como alguna persona perteneciente a tu vida actual.

Elizabeth frunció los ojos y arrugó la frente

como si atisbara algo, aunque sus párpados seguían cerrados.

—¡Sí, le conozco! ¡Es George... es George!

—Bien. Ahora estás de nuevo en esa vida. Las palizas se han acabado.

Elizabeth había reconocido a George, el banquero con quien había tenido una relación hacía un año y medio. Había roto con él cuando empezó a agredirla físicamente. Los patrones de comportamiento como la agresión pueden repetirse en las distintas vidas si no se han reconocido y eliminado. De forma subconsciente, Elizabeth y George se recordaron mutuamente. Habían vuelto a unirse y él intentó reanudar su comportamiento agresivo. Sin embargo, Elizabeth había aprendido una importante lección con el paso de los siglos. Esta vez tuvo la fuerza y el amor propio necesarios para terminar con la relación antes de volver a recibir palizas. Cuando se descubre el origen de un patrón negativo en una vida anterior, resulta todavía más fácil romperlo.

Observé que Elizabeth estaba calmada. Parecía triste y desesperanzada. No necesitaba más datos sobre aquel marido violento y decidí que avanzara en el tiempo.

—Contaré desde tres hasta uno y te daré unas palmaditas suaves en la frente —le dije—. Mientras, debes avanzar en el tiempo y trasladarte al acontecimiento más importante de esa vida. Deja que llegue a tu mente sin interferencias a medida que cuento. Observa qué te ocurre.

Al llegar a uno, empezó a sonreír de felicidad. Me alegré de que hubiera una chispa de luz en esa vida tan oscura.

—Él ha muerto, gracias a Dios, ¡soy tan feliz! —exclamó efusivamente—. Estoy junto al hombre que amo. Es amable y cariñoso. No me pega. Nos queremos. Es muy buena persona. Somos muy felices juntos.

La sonrisa de felicidad no desaparecía de su rostro.

—¿Cómo murió tu marido? —le pregunté.

—En una taberna —respondió, mientras su sonrisa se iba apagando—. Le asesinaron en una pelea. Según me dijeron, le asestaron una puñalada en el pecho. Debió de atravesarle el corazón. Me contaron que había sangre por todas partes —añadió—. No lamento su muerte —comentó—. Si no hubiera sido así, yo no habría conocido a John. Es un hombre maravilloso —dijo, una vez más con una radiante sonrisa.

—Avanza en el tiempo —le indiqué—, y dime qué os ocurre a ti y a John. Ve al siguiente hecho importante en vuestra vida.

Guardó silencio mientras iba examinando los años.

—Me siento muy débil. Mi corazón está agitado —dijo resoplando—. ¡Me quedo sin aliento!

Había avanzado hasta el día de su muerte.

—¿John está contigo? —le pregunté.

—Oh, sí. Está sentado en la cama y me coge de la mano. Es muy atento conmigo, está preocupado. Sabe que me va a perder. Estamos los dos compungidos, pero contentos de haber compartido todos estos años tan felices.

Se quedó en silencio mientras recordaba aquella escena en el lecho junto a John. Sólo la relación que mantuvo Elizabeth con su amada madre se acercaba a ese amor, alegría e intimidad que compartió con John.

—Mira a John de cerca. Mírale a la cara y a los ojos. ¿Reconoces en él a alguien de tu vida presente?

El reconocimiento suele producirse inmediatamente y con una certeza infalible si el paciente mira a los ojos de la otra persona. Los ojos, sin ninguna duda, son la ventana del alma.

—No —se limitó a decir—. No lo conozco.

Hizo una pausa, y cuando volvió a hablar había inquietud en su voz.

—Mi corazón está exhausto. Los latidos son muy irregulares. Siento dentro de mí que tengo que abandonar este cuerpo.

—Está bien. Sal de este cuerpo y dime qué te ocurre.

Al cabo de unos segundos empezó a describir

lo que ocurrió después de su muerte. Su rostro reflejaba paz y su respiración era tranquila.

—Estoy flotando por encima de mi cuerpo y en un extremo de la habitación, cerca de la esquina del techo. Veo a John sentado junto a mi cuerpo. No hace nada. No quiere moverse. Ahora se quedará solo. Solamente nos teníamos el uno al otro.

—Entonces, ¿no tuvisteis ningún hijo? —quise aclarar.

—No. Yo no podía. Pero eso no era importante. Nos teníamos mutuamente y esto nos bastaba.

Volvió a guardar silencio. Seguía tranquila y esbozaba una sonrisa.

—Esto es tan bonito. Percibo una hermosa luz a mi alrededor. Me atrae, y yo quiero seguirla. Es una luz preciosa. ¡Me llena de energía!

—Adelante —le dije.

—Atravesamos un valle muy bonito, lleno de árboles y flores... Soy consciente de muchas cosas, recibo mucha información, nuevos conocimientos. Pero no quiero olvidarme de John. Debo recordarlo. Si aprendo todas estas cosas nuevas, probablemente me olvidaré de él. ¡No puede ser!

—Recordarás a John —le comenté, pero no estaba muy seguro de ello.

¿Qué información estaría recibiendo? Decidí preguntárselo.

—Me dicen cosas sobre las diferentes vidas y la energía, sobre cómo utilizamos nuestras vidas para perfeccionar nuestra energía de manera que podamos trasladarnos a dimensiones superiores.

»Me hablan de la energía y del amor y de cómo reconocemos su equivalencia... cuando comprendemos lo que es realmente el amor. ¡Pero yo no quiero olvidarme de John!

—Yo te lo recordaré todo sobre John.

—Bien.

—¿Ocurre algo más?

—No, de momento eso es todo... Podemos aprender más cosas sobre el amor si nos dejamos guiar por nuestra intuición —añadió para acabar.

Tal vez este último comentario tuviera varios significados, especialmente para mí. Años atrás, en una de las últimas sesiones de Catherine, gracias a las cuales hicimos grandes descubrimientos, los Maestros manifestaron: «Lo que te decimos te sirve en estos momentos. A partir de ahora debes aprender valiéndote de tu propia intuición.»

Aquéllas fueron las últimas revelaciones que obtuvimos de las hipnosis de Catherine.

Elizabeth descansaba. Aquel día ya no íbamos a obtener más información. La desperté y después de orientar su mente de nuevo hacia el presente, empezó a llorar en silencio.

—¿Por qué lloras? —le pregunté afectuosamente.

—Porque le quería mucho, y no creo que vuelva a amar tanto a nadie. Nunca había conocido a un hombre al que pudiera desear tanto y que me correspondiera con el mismo amor. ¿Cómo puedo vivir plenamente? ¿Cómo voy a ser feliz sin este amor?

—Nunca se sabe —objeté, aunque no del todo convencido—. Puede que conozcas a alguien y que te enamores locamente otra vez. Tal vez encuentres de nuevo a John, en otro cuerpo.

—Claro —dijo con cierto sarcasmo mientras las lágrimas seguían cayendo—. Estás intentando animarme. Tengo más posibilidades de ganar la lotería que de encontrar a John otra vez.

Las probabilidades de ganar la lotería, le recordé, eran una entre catorce millones.

En *A través del tiempo* describí el encuentro entre Ariel y Anthony:

El reencuentro con un alma gemela, después de una separación larga e involuntaria, puede ser una experiencia por la que vale la pena esperar, aunque la espera dure siglos.

En unas vacaciones en el sudoeste, Ariel, una ex paciente mía que es bióloga, conoció a un australiano llamado Anthony. Ambos eran individuos emocionalmente maduros, con matrimonios anteriores; se enamoraron y comprometieron rápidamente. De regreso en Miami, Ariel sugirió que Anthony se sometiera a una sesión de regresión conmigo, sólo por ver si podía tener esa experiencia y «comprobar» qué pasaba. Ambos tenían curiosidad por saber si Ariel aparecería de algún modo en la regresión de Anthony.

Él resultó ser un paciente estupendo para la regresión. Casi de inmediato volvió a una existencia en el norte de África, en tiempos de Aníbal, hace más de dos mil años. En esa vida había sido miembro de una civilización muy avanzada. Su tribu era de piel clara; había fundidores de oro que tenían la habilidad de usar fuego líquido como arma, esparciéndolo en la superficie de los ríos. Anthony era un joven de unos veinticinco años, que se encontraba en ese momento en medio de una guerra que ya duraba cuarenta días contra una tribu vecina, de piel oscura, que los superaba ampliamente en número.

La tribu de Anthony había adiestrado a algunos miembros del grupo enemigo en el arte de la guerra y varios de esos discípulos dirigían ahora el ataque. Cien mil enemigos, armados de espadas y hachas de combate, cruzaban un gran río utilizando sogas, mientras Anthony y su gente vertían fuego líquido en su propio río, con la esperanza de que alcanzara a los atacantes antes de que éstos llegaran a la costa.

Para proteger a sus mujeres y niños, la tribu de Anthony puso a la mayoría de éstos en grandes botes con velas violáceas, en el centro de un enorme lago. En ese grupo estaba la joven y muy querida prometida de Anthony que tenía diecisiete o dieciocho años. Sin embargo, de repente el fuego líquido se propagó y los botes se incendiaron. Casi todas las mujeres y los niños de la aldea perecieron en ese trágico accidente, incluida la novia de Anthony, por quien él sentía una gran pasión.

Con esta tragedia la moral de los guerreros sufrió un rudo golpe y pronto fueron derrotados. Anthony fue uno de los pocos que escapó a la matanza en un brutal combate cuerpo a cuerpo. Al fin huyó por un pasadizo secreto que llevaba a un laberinto de corredores, por debajo del gran templo donde se guardaban los tesoros de la tribu.

Allí Anthony encontró a una sola persona con vida: su rey. El rey le ordenó que lo matara; Anthony, soldado leal, cumplió la orden contra su voluntad. Tras la muerte del rey, Anthony quedó completamente solo en el templo oscuro, donde se dedicó a escribir la historia de su pueblo en láminas de oro, que guardó en grandes urnas o tinajas herméticamente cerradas. Allí murió finalmente de inanición y de dolor por la pérdida de su prometida y de su pueblo.

Había un detalle más: su prometida de aquella vida se había reencarnado en Ariel. Los dos se reunían como amantes dos mil años después. Por fin se realizaría la boda, por tanto tiempo postergada.

Cuando Anthony salió de mi consultorio llevaba apenas una hora separado de Ariel. Pero el poder del reencuentro fue tal que parecían no haberse visto durante dos mil años.

Ariel y Anthony se casaron hace poco. Ese encuentro aparentemente casual, súbito e intenso, tiene ahora un nuevo significado, ha infundido a la relación entre ambos, ya apasionada, una sensación de continua aventura.

Anthony y Ariel planean un viaje a África del Norte, para buscar el sitio donde compartieron aquella existencia anterior y ver si pueden descubrir algunos detalles más. Saben que cuanto puedan encontrar no hará sino aumentar la aventura que se ofrecen mutuamente.

12

Aunque puede que no sea un rey en mi vida futura, mucho mejor para mí: seguiré llevando una vida activa y además no sufriré tanta ingratitud.

FEDERICO EL GRANDE

Por segunda vez, Pedro sudaba a chorros pese al aire acondicionado que refrescaba el ambiente de mi consulta. Le caían gotas por la cara, que se deslizaban por el cuello y le empapaban la camisa. Hacía un instante había tenido escalofríos y su cuerpo se estremecía. Pero es que tenía la malaria, y esta enfermedad provoca una sensación que alterna entre un frío penetrante y un calor abrasador. Francisco estaba a punto de morir a causa de esta terrible enfermedad. Estaba solo y separado por miles de kilómetros de sus seres queridos. Era una muerte horrible y dolorosa.

Aquel día Pedro había empezado la sesión entrando en un profundo y a la vez relajado estado hipnótico. Enseguida regresó a una vida pasada, viajando a través del tiempo y del espacio. Inmediatamente empezó a sudar. Intenté secarle las gotas de sudor con un pañuelo, pero fue inútil; era como tratar de detener una inundación con las manos. Seguía transpirando sin cesar. Yo temía que aquel sudor que le empapaba le provocara molestias físicas y afectara a la profundidad y la intensidad de su trance hipnótico.

—Soy un hombre de cabello negro y piel oscura —dijo resoplando de calor—. Estoy descargando un barco de madera muy grande. El cargamento es pesado. Hace un calor ardiente. Veo palmeras y al lado unas endebles construcciones de madera. Soy marinero y estamos en el Nuevo Mundo.

—¿Sabes el nombre? —le pregunté.

—... Francisco... Me llamo Francisco, y soy marinero —repitió.

Yo me había referido al nombre del lugar geográfico, pero lo que le vino a la mente en aquel momento fue su nombre de pila.

—¿Sabes cómo se llama el lugar donde estás? —volví a preguntar.

Se quedó callado unos segundos mientras seguía sudando abundantemente.

—No lo sé —contestó—. Es uno de esos dichosos puertos... Aquí hay oro —añadió—. En la selva, en algún lugar de las lejanas montañas. Lo encontraremos. Guardaré algo para mí de lo que encuentre... ¡Qué lugar tan horrible!

—¿De dónde eres? —le pregunté intentando averiguar más detalles—. ¿Sabes dónde está tu casa?

—Al otro lado del mar —me contestó pacientemente—. En España... Somos de allí.

Se refería a sí mismo y a los compañeros que descargaban el barco con él bajo un sol de justicia.

—¿Tienes familiares en España? —pregunté.

—Mi mujer y mis hijos. Los añoro, pero están bien, sobre todo gracias al oro que les envío. Mi madre y mis hermanas también están allí. No es fácil... Los echo mucho de menos a todos...

Yo quería saber más cosas de su familia.

—Te ayudaré a retroceder en el tiempo —le dije a Francisco—, haré que vuelvas a España con tu familia, la última vez que estuvisteis todos juntos, antes de que emprendieras el viaje al Nuevo Mundo. Te daré unas palmadas en la frente y contaré hacia atrás desde el número tres. Cuando llegue al uno estarás de regreso en España junto a todos ellos. Lo recordarás todo.

»Tres... dos... uno. ¡Ve hacia allí!

Los ojos de Pedro iban visualizando imágenes.

—Veo a mi mujer y a mi hijo pequeño. Nos sentamos a la mesa. Veo la mesa y las sillas de madera. Mi madre también está —dijo.

—Mírales a la cara y a los ojos —le pedí—. Intenta ver si estas personas también forman parte de tu vida actual.

Me preocupaba que el hecho de trasladarse de una vida a otra pudiera desorientarle y hacerle salir por completo de la vida de Francisco. Afortunadamente respondió sin ningún problema.

—He reconocido a mi hijo. Es mi hermano. ¡Oh, sí! Es Juan. ¡Qué maravilloso!

Ya había encontrado a su hermano anteriormente, encarnado en el cuerpo del abad, cuando Pedro era monje. Aunque en ninguna de sus vidas les habíamos encontrado como amantes, Juan era una alma gemela que perduraba en el tiempo. El vínculo que existía entre ambas almas era muy fuerte.

Se mostró indiferente ante su madre y se concentró por completo en su joven esposa.

—Nos amamos profundamente —comentó—, pero no la identifico con ninguna mujer de mi vida actual. Nuestro amor es fuerte.

Permaneció en silencio durante un rato, disfrutando del recuerdo de su joven mujer y del profundo amor que habían compartido hacía cuatrocientos o quinientos años en una España muy diferente de la actual.

¿Podría Pedro experimentar un amor semejante en el futuro? ¿Acaso el alma de la esposa de Francisco también había atravesado los siglos hasta llegar al presente? Y suponiendo que así fuera, ¿se encontrarían alguna vez?

Trasladé de nuevo a Francisco al Nuevo Mundo y a la búsqueda de oro.

—Regresa al puerto donde descargabas el barco —le indiqué—. Ahora ve hacia delante hasta el siguiente acontecimiento importante en tu vida de marinero. A medida que voy tocándote la frente y contando hacia atrás desde tres hasta uno, concentra tus evocaciones en el hecho más importante que recuerdes. Tres... dos... uno. Ya estás allí.

Francisco empezó a temblar.

—Tengo tanto frío... —dijo quejándose—, pero sé que esta fiebre infernal va a volver.

Tal como predijo, unos segundos más tarde empezó a sudar mucho otra vez.

—¡Maldición! —exclamó—. Voy a morir... ¡Condenada enfermedad! Y los demás me han abandonado. Saben que no podré resistir, que ya no tengo salvación. Estoy sentenciado a morir en este miserable lugar. Ni siquiera hemos encontrado los tesoros que todos juran que hay aquí.

—¿Sobrevives a la enfermedad? —pregunté.

Él se quedó en silencio, y yo esperé a que contestara.

—La enfermedad me ha matado. No he logrado abandonar la selva. La fiebre ha acabado conmigo y nunca más vuelvo a ver a mi familia. Van a sufrir mucho. Mi hijo es tan pequeño...

El sudor se entremezclaba con las lágrimas. Pedro lamentaba haber muerto joven, completamente solo y en una tierra extraña, a causa de una rara enfermedad que ni siquiera un hábil marinero podía vencer.

Hice que abandonara el cuerpo de Francisco y entonces empezó a flotar tranquilo y relajado, libre de la fiebre y del dolor, más allá del sufrimiento y la aflicción.

Su rostro reflejaba paz y tranquilidad. Le dejé descansar.

Empecé a recapacitar sobre las pérdidas que Pedro había sufrido en sus diferentes vidas. Se había tenido que separar tantas veces de sus seres queridos... Había padecido tanto... A medida que iba abriéndose camino entre las inciertas y oscuras nubes del tiempo, ¿podría llegar a reunirse con ellos? ¿Iba a encontrarlos a todos?

Las vidas de Pedro se caracterizaban por diferentes patrones que se repetían y no se limitaban únicamente a las pérdidas. En esta regresión recordó que era español, pero también había sido un soldado inglés que fue muerto por sus enemigos españoles cuando los ingleses invadieron su fortaleza. Recordó vidas como hombre y como mujer. Vivió vidas como guerrero y como clérigo. Había perdido a seres queridos y también los había encontrado.

Después de su muerte como monje, rodeado de su familia espiritual, Pedro había repasado las lecciones que había aprendido de aquella existencia.

«... Perdonar es muy importante —me había dicho—. Todos hemos cometido errores por los cuales condenamos a otros... Debemos perdonarlos.»

Todas sus vidas ilustraban este mensaje. Había tenido que aprender todas las facetas para conseguir una comprensión global. Y eso es lo que hacemos todos. Cambiamos de religión, de raza y de nacionalidad. Vivimos vidas de una riqueza esplendorosa y otras en la mayor miseria. En unas padecemos enfermedades y en otras disfrutamos de buena salud. Debemos aprender a desechar los prejuicios y el odio. Los que no lo consigan, simplemente cambiarán de bando y regresarán en el cuerpo de su enemigo.

«¿Sabrías mi nombre... —le pregunta Eric Clapton a su hijo, que murió trágicamente en un accidente— si te viera en el cielo? ¿Sería lo mismo si te viera en el cielo?»

Su pregunta es universal y eterna. ¿Cómo sabremos reconocer a nuestros seres queridos? Si nos encontramos otra vez, sea en el cielo o de vuelta en la tierra, ¿los reconoceremos y nos reconocerán en otro cuerpo?

Muchos de mis pacientes reconocen a sus seres queridos así, sin más. Cuando recuerdan sus vidas pasadas, miran a los ojos de su alma gemela y saben quién es. Sea en el cielo o en la tierra, perciben una vibración o una energía característica de sus seres amados. Vislumbran la personalidad más profunda que hay en su interior, y surge de ellos un conocimiento interno, que proviene del corazón. Se produce una conexión.

Puesto que los ojos del corazón son los primeros que ven, las palabras no pueden transmitir por sí solas la seguridad del reconocimiento del alma. No existe duda ni confusión. Aunque el cuerpo sea posiblemente muy diferente del actual, el alma es la misma y se reconoce. Este reconocimiento es completo y queda fuera de toda duda.

Algunas veces el reconocimiento del alma puede tener lugar en la mente antes que en el corazón. Este tipo de reconocimiento suele producirse con bebés o niños pequeños que muestran unas peculiaridades físicas o comportamientos muy concretos; pronuncian una palabra o una frase e instantáneamente se reconoce en ellos a un padre, una madre o un abuelo queridos. Pueden tener una cicatriz o marca de nacimiento idéntica a la de nuestro ser querido, o quizá nos cogen de la mano o nos miran de la misma manera. El caso es que nosotros los reconocemos.

«¿Me cogerías de la mano si te viera en el cielo? ¿Me ayudarías a ponerme de pie si te viera en el cielo?»

En el cielo, un lugar que no requiere del cuerpo físico, el reconocimiento del alma puede producirse a través de un conocimiento interior: una percepción de la energía, la luz o la vibración específica del ser amado. Las sientes en el corazón. Se trata de una sabiduría intuitiva y profunda, y entonces reconocemos a nuestros seres queridos de un modo completo e inmediato. Incluso pueden ayudarnos adoptando el cuerpo que tenían en la última encarnación que compartieron con nosotros. Los vemos tal como se nos aparecieron en la tierra, a menudo con un aspecto más joven y saludable.

«Al otro lado de la puerta... estoy seguro de que hay paz.»

Puede que sea al otro lado de la puerta del cielo, la que nos lleva a recordar las vidas pasadas que hemos compartido, o la que conduce a las vidas futuras que pasaremos junto a nuestros seres queridos, pero nunca estaremos solos. Ellos sabrán cuál es nuestro nombre. Nos darán la mano, llenarán de paz y reconfortarán nuestro corazón.

Mis pacientes, en estado de hipnosis profunda, me dicen repetidamente que la muerte no es un accidente. Cuando mueren bebés y niños pequeños, se nos brinda la oportunidad de aprender nuevas lecciones. Ellos son nuestros maestros, nos enseñan mucho sobre valores y prioridades, y, por encima de todo, sobre el amor.

Las lecciones más importantes suelen aprenderse en los momentos más difíciles.

13

Nuestro nacimiento es un sueño y un olvido;
el alma que amanece con nosotros, nuestra
                                    [estrella,
tuvo su lugar en otra parte,
y viene de muy lejos,
aunque no en un olvido absoluto
ni en completa desnudez,
pues llegamos arrastrando nubes de gloria
desde Dios, nuestra morada.
El cielo nos rodea en nuestra infancia.

WILLIAM WORDSWORTH

A pesar de haber conseguido recordar con éxito varias vidas anteriores, Elizabeth seguía sufriendo. Había empezado a aceptar intelectualmente el concepto de continuidad del alma y de reaparición de la conciencia en las consecutivas reencarnaciones físicas. Se había reencontrado con almas gemelas a lo largo de este viaje. Pero los recuerdos no le devolvieron a su madre, al menos físicamente. No podía abrazarla ni tampoco hablar con ella. La añoraba muchísimo.

Esta vez, cuando Elizabeth entró en mi consulta para iniciar la sesión, decidí intentar algo diferente, un método que ya había aplicado a otros pacientes con diversos resultados. Como de costumbre, mi intención era ayudarla a conseguir un estado de relajación profunda. Quería guiarla para que visualizara un bello jardín, paseara por él y descansara. Mientras descansaba, la invitaría a imaginar que se le acercaba un visitante, y que se comunicaba con él con pensamientos, palabras, imágenes, sentimientos y de cualquier otra manera.

Todo lo que experimentó Elizabeth a partir de aquel momento surgió de su propia mente y no de mis indicaciones.

Se hundió profundamente en el sillón abatible de cuero y enseguida entró en un estado hipnótico. Conté de diez a uno para hacer más profundo su trance. Se imaginó a sí misma bajando una escalera de caracol. Cuando llegó al último peldaño, visualizó el jardín. Empezó a pasear y después se detuvo para descansar. Le indiqué que iba a acercársele un visitante y aguardamos juntos su llegada. Unos segundos más tarde, advirtió una hermosa luz que se aproximaba a ella. El suave llanto de Elizabeth rompió el silencio que imperaba en la consulta.

—¿Por qué lloras? —le pregunté.

—Es mi madre... La puedo ver inmersa en la luz. Está tan joven, tan guapa... Me alegro de verte —añadió, esta vez comunicándose con su madre directamente.

Elizabeth sonreía y lloraba al mismo tiempo.

—Puedes decirle cosas, hablar con ella —le recordé.

A partir de entonces no dije nada más, pues no quería interferir en aquel encuentro. Elizabeth no estaba evocando un recuerdo, tampoco estaba volviendo a experimentar algo que ya había ocurrido: estaba viviendo un acontecimiento.

El encuentro con su madre tenía lugar intensa y emotivamente en la mente de Elizabeth. El hecho de que aquella reunión se celebrara de un modo tan convincente en su mente confería un grado considerable de realidad a la experiencia. Las posibilidades de aliviar su aflicción eran ahora palpables.

Permanecimos sentados durante unos minutos en un silencio total interrumpido ocasionalmente por algunos suspiros. De vez en cuando se deslizaba una lágrima por la mejilla de Elizabeth, que, a la vez, mostraba una constante sonrisa. Finalmente, empezó a hablar.

—Se ha ido —dijo con calma—. Tenía que irse, pero volverá.

Elizabeth seguía hablando y contestando a mis preguntas muy relajada y con los ojos cerrados.

—¿Se ha comunicado contigo? —le pregunté.

—Sí. Me ha dicho muchas cosas. Que debo confiar en mí misma. Me ha dicho: «Confía en ti. ¡Te he enseñado todo lo que necesitabas saber!»

—¿Qué significa esto para ti?

—Que debo creer en mis propios sentimientos y no dejar que los demás influyan siempre en mis decisiones... especialmente *los hombres* —añadió haciendo hincapié en ello—. Me ha dicho que los hombres se han aprovechado de mí porque yo no creía lo suficiente en mí misma y les he dejado que lo hicieran. Les he dado demasiado poder quitándomelo a mí misma. Debo dejar de comportarme así. También me ha dicho: «Somos todos iguales. Las almas no son femeninas ni masculinas. Eres tan bella y poderosa como cualquier otra alma del universo. No lo olvides; no dejes que te confundan sus distintas formas físicas.»

—¿Te ha dicho algo más?

—Sí. Todavía hay más —contestó sin especificar.

—¿Qué más? —le pregunté, empujándola a hablar.

—Que me quiere muchísimo —musitó—. Que está bien. Está prestando su ayuda a muchas almas del otro lado. Dice que siempre estará allí esperándome... Y todavía hay algo más.

—¿Qué?

—Me ha dicho que tenga paciencia, que algo va a ocurrir muy pronto, algo importante, y que debo confiar en mí misma.

—¿Qué va a ocurrir?

—No lo sé —contestó suavemente—, pero cuando suceda, tendré plena confianza en mí misma —añadió con una determinación que nunca antes había observado en ella.

Sentado en el camerino de televisión antes de intervenir en *El show de Donahue*, fui testigo de una escena increíblemente surrealista. Jenny Cockell, una mujer inglesa de cuarenta y un años, estaba con su hijo Sonny, de setenta años, y su hija Phyllis, de sesenta y nueve. La historia de esta familia es infinitamente más interesante y convincente que la de Bridey Murphy, un famoso caso en la historia de las reencarnaciones.

Desde que Jenny era pequeña, siempre supo que en una vida anterior reciente había muerto repentinamente dejando huérfanos a sus ocho hijos. Conocía con detalle algunos hechos de su vida a principios del siglo XX en la Irlanda rural. Su nombre en aquella vida era Mary.

La familia de Jenny le seguía la corriente,

pero no tenían suficientes medios ni interés para investigar las historias fantásticas que explicaba la niña sobre su trágica vida anterior en la más abrumadora pobreza en la Irlanda de principios de siglo. Jenny creció sin saber si sus vívidos recuerdos eran reales o no.

Finalmente logró disponer de los medios necesarios para iniciar la investigación. Encontró a cinco de los ocho hijos de Mary Sutton, una mujer irlandesa que murió en 1932 durante el parto de su octavo hijo. Los hijos de Mary Sutton confirmaron muchos de los recuerdos increíblemente detallados de Jenny. Parecían convencidos de que ella era en efecto Mary, su madre «muerta».

Allí, en el camerino de televisión, yo observaba cómo se desarrollaba aquella reunión.

El rumbo de mis pensamientos cambió y en un instante me encontré viendo la primera secuencia del viejo programa de televisión *El show de Ben Casey*. Era un programa sobre medicina de finales de los años cincuenta o principios de los sesenta. Mi madre me recomendaba sutilmente, como quien no quiere la cosa, que viera el programa, intentando convencerme de que estudiara la carrera de medicina.

El show de Ben Casey empezaba mostrando unos símbolos universales mientras el neurocirujano de avanzada edad que era el mentor del joven doctor Ben Casey, coreaba: «Nacimiento...

Muerte... Hombre... Mujer... Infinitud.» O algo muy parecido. Misterios universales, enigmas sin solución. Sólo sentarme en el camerino, justo antes de intervenir en *El show de Donahue* como especialista en recuerdos de vidas pasadas, ya estaba *contestando las preguntas* que no habían sabido responder Ben Casey y todos los demás.

¿Nacimiento? Si en verdad nunca morimos, entonces no llegamos realmente a nacer. Somos inmortales, divinos e indestructibles. La muerte no es nada más que cambiar de habitación atravesando el umbral de una puerta. ¿Hombre? ¿Mujer?

En el transcurso de nuestras existencias cambiamos de sexo, religión y raza con el objetivo de aprender desde todas estas perspectivas. Es como si fuéramos siempre a la escuela. Regresamos repetidas veces para aprender determinadas lecciones o cualidades como el amor, el perdón, la comprensión, la paciencia, la conciencia o la no violencia. Debemos olvidar otros sentimientos que son producto de viejas imposiciones, como el miedo, la ira, la codicia, el odio, el orgullo o el ego. Sólo entonces obtendremos la licenciatura y abandonaremos esta escuela. Tenemos todo el tiempo del mundo para aprender y desaprender. Somos inmortales; somos infinitos; somos de la misma naturaleza que Dios.

Conforme observaba a Jenny y a sus viejos hijos, se me iban ocurriendo más cosas.

«Todo lo que siembre el hombre, lo cosechará algún día.» En todas las grandes religiones se encuentra el concepto de karma prácticamente con las mismas palabras. Es una antigua sabiduría. Somos responsables de nosotros mismos, de los demás, de la comunidad y del planeta.

Impulsada por la necesidad de cuidar y proteger a sus hijos, Jenny se vio arrastrada hacia ellos una vez más. Nunca perdemos a nuestros seres queridos. No dejamos de volver a ellos, de reunirnos una y otra vez. El amor, ¡qué energía unificadora tan poderosa!

14

Mi doctrina es: Vive de tal modo que lle-
gues a desear vivir otra vez, éste es tu deber,
¡porque revivirás de todas formas!

NIETZSCHE

Existen muchos métodos o técnicas para ayudar a un paciente, mediante la hipnosis, a recordar sus vidas pasadas. Uno de estos métodos es imaginar una puerta. Normalmente, hago que mis pacientes entren en un profundo trance hipnótico y después les invito a atravesar la puerta que ellos escogen, una puerta hacia una vida pasada.

—Imagínate a ti mismo de pie frente a un pasillo o un pasadizo con enormes puertas a cada lado y en los extremos. Son las puertas que te conducen al pasado, incluso hasta tus vidas anteriores. Te llevarán a vivir experiencias espirituales. A medida que cuento hacia atrás de cinco a uno, una de las puertas se abrirá, una puerta hacia tu pasado. Esta puerta te arrastrará hacia ella. Te atraerá. Dirígete a ella.

»Cinco. Se abre la puerta. Esta puerta te ayudará a comprender todos los bloqueos u obstáculos que te impiden sentir alegría y ser feliz en tu vida actual. Ve hacia ella.

»Cuatro. Estás ante la puerta. Ves una hermosa luz al otro lado. Avanza un paso, atraviesa la puerta y dirígete hacia la luz.

»Tres. Atraviesa la luz. Estás en otro tiempo y en otro lugar.

»No importa si es un producto de tu imaginación o tu fantasía, un recuerdo real, un símbolo, una metáfora o cualquier combinación de estos elementos. Lo que cuenta es la experiencia. Déjate llevar por todo lo que acuda a tu mente. Intenta no pensar, juzgar ni criticar. Vive la experiencia. Sea lo que sea lo que penetre en tu conciencia, estará bien. Ya lo analizarás después.

»Dos. Estás llegando, casi has penetrado en la luz. Cuando pronuncie el número uno, entra en ella y únete a la persona o a la escena con que te encuentres al otro lado de la luz. En cuanto llegue al número uno se abrirá el telón.

»¡Uno! Ya estás allí. Mira tus pies y fíjate en el calzado que llevas. Observa tu ropa, el color de tu piel, tus manos. ¿Son las mismas o son otras? No dejes escapar ni un solo detalle.

Una puerta es simplemente una de las maneras de llegar al pasado. Todas ellas conducen al mismo lugar, a una vida anterior o una experiencia espiritual importante para la situación actual de la persona. Otras maneras pueden ser ascensores que viajan hacia atrás en el tiempo, una carretera, un sendero o incluso un puente que penetra en las nieblas del pasado; también un riachuelo, un arroyo, un torrente o un río que hay que atravesar para llegar a una vida anterior, una máquina del tiempo que el paciente dirige ante un panel de control. Son algunos ejemplos de los infinitos caminos o métodos que conducen al pasado.

Con Pedro utilicé las puertas. Cuando intentó mirarse los pies después de atravesar la luz, se encontró a sí mismo observando fijamente la inmensa cara de piedra de un dios.

—Tiene la nariz larga y unos dientes grandes y puntiagudos. La boca... los labios... son raros, grandes y muy anchos. Tiene los ojos redondos, hundidos y muy separados. Su mirada es perversa... Los dioses pueden ser crueles.

—¿Cómo sabes que es un dios?

—Es muy poderoso.

—¿Hay más dioses o es el único?

—Hay muchos, pero éste es el más poderoso... Tiene poder sobre la lluvia. Sin agua no podemos cultivar la tierra —explicó Pedro sencillamente.

—¿Estás allí? ¿Sabes dónde estás? —le pregunté.

—Sí, estoy aquí. Soy una especie de sacerdote. Tengo conocimientos sobre los cielos y el sol, la luna y las estrellas. Colaboro en la elaboración de los calendarios.

—¿Dónde trabajas?

—En un edificio de piedra. Hay en él unas escaleras de caracol y unas ventanas pequeñas desde donde observamos y hacemos nuestros cálculos. Es muy complicado, pero yo sé hacerlo muy bien. Me encargo de realizar las mediciones... Sé perfectamente cuándo se producen los eclipses.

—Parece que perteneces a una civilización versada en las ciencias —le comenté.

—Sólo en algunos aspectos, como la astronomía y la arquitectura. El resto es superstición y subdesarrollo —aclaró—. Hay otros sacerdotes y sus seguidores; pero todos ellos sólo están interesados en el poder. Utilizan las supersticiones y el miedo para engañar a la gente y mantener su puesto en la jerarquía. Cuentan con el respaldo de los nobles, que controlan a los guerreros. Es una alianza para concentrar el poder en manos de unos pocos.

La época que recordaba Pedro podía ser muy antigua, pero las estrategias de control y los pactos políticos que se hacían sólo con el fin de obtener y preservar el poder eran atemporales. Las ambiciones humanas no parecen cambiar con el tiempo.

—¿Cómo utilizan la superstición para engañar al pueblo?

—Responsabilizan a los dioses de los fenómenos de la naturaleza. Luego culpan a la gente de enfurecer o contrariar a los dioses... y en consecuencia, les hacen responsables de manifestaciones de la naturaleza como las inundaciones, las sequías, los terremotos o las erupciones volcánicas. Cuando en realidad la gente no es culpable de ello; ni tampoco los dioses. Son fenómenos de la naturaleza y *no* actos de dioses enfurecidos; pero la gente no se da cuenta. Son ignorantes y están aterrorizados... porque creen que son los culpables de estas catástrofes.

Pedro guardó silencio durante unos segundos y luego prosiguió:

—Atribuir nuestros problemas y nuestros infortunios a los dioses es un error. Esto otorga mucho poder a los sacerdotes y a los nobles... Nosotros entendemos mejor los fenómenos naturales que la gente corriente. Normalmente sabemos cuándo empezarán y cuándo acabarán. Comprendemos los ciclos. Un eclipse es un fenómeno natural que puede predecirse y calcularse. No es un acto de cólera o de castigo de los dioses, pero así se lo explican a la gente.

Pedro hablaba rápido. Las palabras y los conceptos le brotaban a raudales sin necesidad de que yo lo estimulara.

—Los sacerdotes se presentan ante el pueblo como los mediadores entre los hombres y los dioses. Dicen a la gente que ellos son los únicos intermediarios y que conocen los deseos de los dioses. Yo sé que esto no es cierto: porque soy un sacerdote.

Se quedó pensativo y en silencio.

—Continúa —le sugerí.

—Los sacerdotes han creado un cruel y elaborado sistema de sacrificios para apaciguar a los dioses.

Bajó la voz y empezó a susurrar.

—Incluso sacrifican a seres humanos.

—¿A seres humanos? —repetí.

—Sí —musitó—. No necesitan hacerlo a menudo porque siembran el pánico entre la gente. Existen rituales en los que se ahoga a las víctimas y también rituales de matanza. ¡Como si los dioses necesitaran sangre humana!

El tono de su voz se elevaba a medida que su rabia crecía.

—Manipulan a la gente con rituales de terror. Incluso escogen a la persona que van a sacrificar. Esto les concede el mismo poder que a sus dioses. Deciden quién debe morir y quién debe vivir.

—¿Tienes que participar en estos rituales de sacrificio? —le pregunté con cautela.

—No —contestó—. Yo no creo en ellos. Me dejan que me dedique a mis observaciones y mis cálculos —añadió—. Ni siquiera creo que existan estos dioses —me susurró a modo de confesión.

—¿No?

—No. ¿Y cómo es posible que estos dioses sean tan necios y mezquinos como los humanos? Cuando observo el cielo, la bella armonía que existe entre el sol y la luna, los planetas y las estrellas, me pregunto cómo es posible que tanta inteligencia y sabiduría sea al mismo tiempo necia y mezquina. Es absurdo. A estos supuestos dioses les atribuimos nuestras propias características. El miedo, la ira, los celos, el odio..., estas debilidades son nuestras, pero las proyectamos sobre estos dioses. Yo creo que el dios verdadero está mucho más allá de las emociones humanas. El dios verdadero no necesita nuestros rituales ni nuestros sacrificios.

Esta antigua encarnación de Pedro poseía una gran sabiduría. Hablaba sin trabas, incluso sobre temas tabú, y no parecía cansado, así que decidí presionarle un poco más.

—¿Te conviertes en algún momento en un

sacerdote influyente? —le pregunté—. ¿Se te concede más poder en esta vida?

—No —respondió—. Yo no gobernaría así si tuviera poder. Educaría a la gente. Dejaría que aprendiera por sí misma. Prohibiría los sacrificios.

—Pero los sacerdotes y los nobles podrían perder su poder —objeté—. ¿Qué ocurriría si la gente dejara de escucharles?

—No quieren hacerlo —dijo—. El verdadero poder proviene del conocimiento. La auténtica sabiduría consiste en aplicar el conocimiento con cautela y benevolencia. La gente es ignorante, pero puede cambiar. No es estúpida.

El sacerdote me estaba dando una lección de política espiritual y yo percibía la autenticidad de sus palabras.

—Sigue —dije, tras un momento de silencio.

—Ya no hay más —contestó Pedro—. He salido de este cuerpo y ahora estoy descansando.

Me sorprendió. Yo no le había pedido que dejara el cuerpo. No habíamos sido testigos de ninguna escena ni se había producido ningún acontecimiento desagradable o traumático que pudiera obligarle a salir fuera de su cuerpo. Me acordé de que Pedro había entrado en aquella vida pasada de un modo inusual, enfrentándose a aquella roca inmensa que era el rostro del dios de la lluvia.

Tal vez ya no quedaba nada que aprender de aquella vida y la mente superior de Pedro lo sabía. Por lo tanto, decidió dejarla atrás.

Él hubiera sido un gran gobernante.

En noviembre de 1992 Galileo fue exculpado por la Iglesia de su «detestable herejía»: la Tierra no es el centro del universo sino que gira alrededor del Sol. La investigación que absolvió a Galileo se inició en 1980 y se prolongó durante doce años y medio. La sentencia de la Inquisición de 1633 fue por fin anulada trescientos cincuenta y nueve años más tarde. Por desgracia, la estrechez de miras a menudo se corrige todavía más lentamente. Por lo visto todas las instituciones son muy cerradas, y también lo son las personas que nunca se cuestionan sus premisas y sistemas de creencias. ¿Cómo pueden asimilar nuevos conocimientos y observaciones si sus mentes están cegadas por viejas creencias e ideas no probadas?

Hace años, en un profundo trance, Catherine me dijo: «Nuestro deber es aprender, volvernos parecidos a Dios por medio del conocimiento. Sabemos tan poco... El conocimiento nos acerca a Dios, y después podemos descansar. Más tarde, regresamos para enseñar y ayudar a los demás.»

El conocimiento sólo puede penetrar en las mentes abiertas.

15

Sé que soy inmortal. No hay duda de que
he muerto unas diez mil veces en el pasado.
Me río de lo que llamáis extinción y conozco la
amplitud del tiempo.

WALT WHITMAN

Los sueños cumplen muchas funciones. Ayudan a procesar e integrar los acontecimientos diarios. Nos suelen dar indicaciones a menudo en forma de símbolos y metáforas, que nos ayudan a resolver los problemas de la vida cotidiana (las relaciones, los miedos, el trabajo, los sentimientos, las enfermedades, etc.). Nos ayudan a conseguir nuestros deseos y objetivos, si no físicamente, al menos oníricamente. Nos sirven para recapacitar sobre los hechos pasados, recordándonos sus paralelos en el presente. Protegen nuestro sueño enmascarando estímulos, como la ansiedad, que de lo contrario nos despertarían.

Los sueños también cumplen cometidos más profundos. Pueden proporcionarnos caminos que nos lleven a recuperar recuerdos reprimidos u olvidados de la infancia, de experiencias vividas en el útero materno o de vidas pasadas. Fragmentos de recuerdos de vidas anteriores surgen a menudo en los sueños, particularmente en aquellos en que el soñante ve escenas que transcurren años o siglos antes de su nacimiento.

Los sueños pueden ser «psíquicos» o premonitorios. Con frecuencia, estos sueños predicen el futuro. La exactitud varía, porque el futuro parece ser un sistema de probabilidades y fatalidades y porque la capacidad humana de interpretar los sueños con precisión es enormemente variable.

Toda persona, de cualquier cultura y educación, puede tener sueños «psíquicos» o premonitorios. Sin embargo, mucha gente se queda atónita cuando sus sueños se convierten en realidad.

Otro tipo de sueño «psíquico» es el que tiene lugar cuando nos comunicamos con otra persona a distancia. Esta persona puede estar viva y lejos de nosotros geográficamente, o quizá se trate del alma o la conciencia de alguien que ha muerto, como un pariente o un amigo íntimo. De la misma manera, podemos comunicarnos con un espíritu angelical, un maestro o un guía. Los mensajes que se emiten y reciben en estos sueños suelen ser auténticos, conmovedores y muy significativos.

También existen los sueños «itinerantes». Durante estos sueños visitamos lugares en los que nunca hemos estado físicamente. Más tarde podemos confirmar detalles de lo que hemos visto. Cuando visitamos ese lugar geográfico en la realidad, aunque ocurra meses o años más tarde, experimentamos una sensación de familiaridad.

A veces el soñante viajero visita lugares que tal vez no existan en nuestro planeta. En ocasiones, estos sueños son mucho más que mcras fantasías nocturnas. Se trata de experiencias místicas o espirituales a las que accedemos porque el ego y las barreras cognitivas se relajan durante el sueño y mientras soñamos. Los conocimientos y la sabiduría que se adquieren mediante estos sueños itinerantes son susceptibles de transformar toda una vida.

Aquel día, al amanecer, Elizabeth tuvo uno de estos sueños.

Elizabeth irrumpió en mi despacho antes de hora, ansiosa por explicarme el sueño que había tenido la noche anterior. Parecía menos angustiada y más relajada que nunca. Me dijo que sus compañeros de trabajo le habían comentado que la veían mejor, más paciente y amable, incluso más animada que la «antigua» Elizabeth, la de antes de que muriera su madre.

—No ha sido un sueño de los habituales —recalcó—. Era mucho más vivo y real. Todavía me acuerdo de detalles, cuando normalmente me olvido muy rápidamente de los sueños, como bien sabes.

Le había propuesto que escribiera sus sueños en cuanto se despertara. Tener un diario en la mesita de noche y anotar todo lo que consideremos representativo de nuestros sueños es un buen ejercicio para agilizar la memoria. Si no, el contenido del sueño se pierde fácilmente. Pero Elizabeth siempre había sido perezosa cuando se trataba de narrar los sueños por escrito, y cuando llegaba a mi consulta ya se había olvidado de la mayoría de detalles, si es que todavía recordaba algo.

Este sueño fue diferente, tan vívido que todos los detalles quedaron grabados en su mente.

—Al principio entraba en una habitación espaciosa. No había ventanas, lámparas, ni luces de ningún tipo. Pero, en cierto modo, las paredes resplandecían. Irradiaban suficiente luz para iluminar cada recodo de la habitación.

—¿Las paredes estaban calientes? —le pregunté.

—Creo que no. Despedían luz, pero no calor; aunque no llegué a tocarlas con las manos.

—¿Qué más advertiste en la habitación?

—Sé que había una biblioteca o algo parecido, pero no recuerdo haber visto libros ni estanterías. En una esquina del cuarto había una estatua de la Esfinge, con dos sillas de una época antigua a cada lado. No eran modernas. Eran muy parecidas a un trono de piedra o de mármol.

Se quedó callada un momento, mirando fijamente hacia arriba y a la izquierda mientras intentaba recordar cómo eran aquellas sillas antiguas.

—¿Por qué crees que había una estatua de la Esfinge? —pregunté.

—No lo sé. Quizá porque en la biblioteca era posible descifrar secretos. Recuerdo el enigma de la Esfinge: ¿Qué es lo que se sostiene sobre cuatro patas por la mañana, sobre dos durante el día y sobre tres por la noche? El hombre. Un bebé que gatea se convierte en adulto que a su vez envejece hasta que necesita un bastón para andar. Quizá la estatua de la Esfinge tenga algo que ver con el enigma, o con los enigmas en general.

—Podría ser —admití, mientras mi mente volvió al *Edipo* y a la primera vez que oí hablar del enigma—, aunque también puede significar muchas otras cosas —añadí—. Por ejemplo, ¿y si la Esfinge nos proporciona, de alguna manera, una pista sobre la naturaleza de la biblioteca, sobre su estructura o sobre su ubicación?

La mente que sueña puede ser muy compleja.

—No estuve allí el tiempo suficiente para comprobarlo —respondió.

—¿Había algo más en la habitación?

—Sí —dijo sin dudarlo un segundo—. Había un hombre por ahí cerca vestido con una túnica blanca muy larga. Creo que era el bibliotecario. Él decidía quién podía entrar en la habitación y quién no. A mí me dejó entrar por alguna razón que desconozco.

En ese momento mi mente práctica ya no pudo soportarlo más.

—¿Qué sentido tiene una biblioteca sin libros? —le dije impulsivamente.

—Ésta es la parte más extraña. Lo único que tenía que hacer era extender los brazos con la palma de las manos hacia arriba y el libro que yo buscaba se iba materializando sobre mis manos. Aparecía en un instante, como si saliera directamente de la pared y se solidificara en mis manos.

—¿Qué clase de libro era?

—No lo recuerdo muy bien. Un libro sobre mí, sobre mis diferentes vidas. Tenía miedo de abrirlo.

—¿Por qué?

—No lo sé. Contenía algo malo, algo de lo que me avergonzaría.

—¿Te ayudó el bibliotecario?

—Pues no, la verdad. Se puso a reír. Luego dijo: «La rosa, ¿tiene miedo de sus espinas?» Y se burló un poco más de mí.

—¿Qué ocurrió entonces?

—Me acompañó hasta la salida. Pero tuve la sensación de que al final comprendería lo que él había querido decir y podría volver sin miedo para leer aquel libro.

Se quedó en silencio, pensativa.

—¿Acaba aquí el sueño? —le pregunté.

—No. Cuando abandoné la biblioteca me dirigí a un aula donde se impartía un curso. Había allí quince o veinte estudiantes, entre ellos un hombre joven que me resultaba muy conocido; se parecía a mi hermano..., pero no lo era, no era Charles —añadió refiriéndose a su hermano en la vida actual, que reside en California.

—¿De qué trataba el curso?

—No lo sé.

—¿Pasaba algo más? —pregunté.

—... Sí —respondió dubitativa.

Me pregunté por qué dudaba ahora después de haberme descrito con tanto detalle escenas del sueño muy insólitas.

—Apareció un profesor —continuó explicando casi en un susurro—. Sus ojos eran de un marrón intenso, pero de pronto adquirían un tono violeta y luego volvían a recuperar su color original. Era muy alto y llevaba una túnica blanca como única prenda. Iba descalzo... Se me acercó y me miró fijamente a los ojos.

—¿Y?

—Un sentimiento de amor indescriptible se apoderó de mí. Sabía que todo iba a salir bien, que todo lo que estaba experimentando formaba parte de un programa, y que ese plan era perfecto.

—¿Te lo dijo él?

—No. No hizo falta. De hecho, no dijo nada. Simplemente sentí todas estas cosas, que parecían provenir de él. Pude sentirlo todo, saberlo todo. Sabía que no tenía que temer... nunca... Después, él se marchó.

—¿Qué más?

—Me sentí muy ligera. Lo último que recuerdo es que flotaba entre las nubes. Me sentía tan amada y tan segura... Después me desperté.

—¿Cómo te sientes ahora?

—Bien, pero la sensación se va desvaneciendo. Recuerdo el sueño perfectamente, pero las sensaciones se van debilitando. El tráfico que me he encontrado al venir hacia aquí no ha sido lo más apropiado —añadió.

Una vez más, la vida cotidiana interfería en las experiencias trascendentales.

En una ocasión, una mujer me mandó una carta agradeciéndome que hubiera escrito mi primer libro. La información que le proporcioné la había ayudado a entender y aceptar dos sueños que había tenido, separados por más de dos décadas. La carta quedó destrozada tras la violenta irrupción del huracán Andrew en mi despacho, pero recuerdo su contenido perfectamente.

Desde que era una niña sabía que iba a tener un hijo muy especial llamado David. Creció, se casó, tuvo dos hijas y ningún varón. En la mitad de la treintena empezó a preocuparse. ¿Y David?

En uno de sus sueños más vívidos se le acercó un ángel y le dijo: «Podrás tener a tu hijo, pero sólo se quedará contigo diecinueve años y medio. ¿Te parece bien?» Ella aceptó.

Unos meses más tarde se quedó embarazada y finalmente dio a luz a David. Efectivamente era un niño peculiar, muy afectuoso, sensible y lleno de amor. «Un ser de los que ya no existen», diría ella.

Nunca le contó a David su sueño ni el pacto que hizo con el ángel. A los diecinueve años y medio, su hijo murió a causa de un extraño cáncer cerebral. Se sintió angustiada, culpable, afligida, desesperada. ¿Por qué había aceptado la propuesta del ángel? ¿Era ella en cierto modo la responsable de la muerte de David?

Un mes más tarde tuvo un sueño muy vívido

en el que aquel ángel reapareció, pero en esta ocasión iba acompañado de David, quien le dijo: «No te aflijas tanto. Te quiero. Yo te elegí; no fuiste tú quien me eligió a mí.»

Y ella comprendió.

16

Una prueba fehaciente de que los hombres conocen la mayoría de las cosas antes de nacer es el hecho de que cuando son simples niños llegan a entender innumerables fenómenos con tal rapidez que es evidente que no los están comprendiendo por primera vez, sino que los recuerdan, los traen a la memoria...

CICERÓN

Por un momento me sentí confundido. Pedro había atravesado en su imaginación una puerta que conducía a otro tiempo y a otro lugar.

Por el movimiento rápido de sus ojos, pude adivinar que en aquel instante estaba contemplando algo.

—Puedes hablar —le dije—, y al mismo tiempo permanecer en trance, observando y viviendo experiencias. ¿Qué ves?

—Me veo a mí mismo —respondió—. Estoy tumbado en un campo, de noche. El aire es frío y limpio... Hay muchas estrellas.

—¿Estás solo?

—Sí. No veo a nadie por aquí.

—¿Qué aspecto tienes? —le pregunté intentando averiguar más detalles de la época y el lugar en los que había aparecido.

—Soy yo mismo... Tengo unos doce años... Llevo el pelo corto —añadió.

—¿Eres tú mismo? —pregunté.

Todavía no había comprendido que Pedro había retrocedido solamente hasta su infancia y no a una vida pasada.

—Sí —contestó simplemente—. He vuelto a mi niñez en México.

Enseguida lo entendí todo, y entonces centré más mi atención en los sentimientos. Quería saber por qué su mente había escogido ese recuerdo en concreto de entre la gama tan amplia de posibilidades de que disponía.

—¿Cómo te sientes?

—Soy feliz. El cielo nocturno me inspira paz. Las estrellas siempre me han resultado entrañables y me siento muy cerca de ellas... Me gusta fijarme en las constelaciones y observar cómo recorren el cielo con el paso de las estaciones.

—¿Estudiáis las estrellas en el colegio?

—En realidad no, sólo un poco. Pero yo leo libros sobre ellas por mi cuenta. Lo que más me gusta es observarlas.

—¿Hay alguien más en tu familia que disfrute mirando las estrellas?

—No —contestó—. Sólo yo.

Entonces sutilmente intenté estimular su yo superior, ampliar su perspectiva, para averiguar la importancia de aquella evocación.

—¿Es muy importante este recuerdo del cielo nocturno? —le pregunté—. ¿Por qué tu mente ha escogido esta escena en concreto?

Guardó silencio. Su rostro se relajó.

—Las estrellas son un regalo para mí —empezó a decir dulcemente—. Me proporcionan bienestar. Son una sinfonía que ya he oído antes, me refrescan el alma, me recuerdan lo que he olvidado... Y no sólo eso —continuó enigmático—. Son el camino que me guía hacia mi destino, de un modo lento pero seguro. Debo ser paciente y no interferir en el camino... La fecha está fijada.

Se quedó callado otra vez. Le dejé descansar, y un pensamiento me vino a la mente. El cielo nocturno ha estado aquí desde mucho antes de que apareciera la humanidad. En cierta manera, ¿no hemos oído todos alguna vez esta antigua sinfonía? Nuestro destino, ¿no está ya prefijado? Luego hice otra reflexión, de palabras claras y significado ambiguo. Yo también debo ser paciente y no interferir en el destino de Pedro. Este pensamiento me vino a la mente como una instrucción. Resultó ser una profecía.

Ya que pacientes como Pedro y Elizabeth desafiaban mis creencias tradicionales sobre la vida y la muerte e incluso sobre la psicoterapia, decidí empezar a meditar o por lo menos a reflexionar cada día sobre ello. En estados de profunda relajación, solían surgir de repente en mi conciencia una diversidad de ideas, imágenes y conceptos.

Un día, me sobresaltó un pensamiento que acudió a mí como un mensaje urgente. Era necesario que observara muy de cerca a aquellos pacientes a los que hacía largo tiempo que trataba, mis pacientes crónicos. Entonces los vería más claramente, y así no sólo aprendería más cosas sobre ellos, sino también sobre mí mismo.

Los pacientes que estaba tratando en esos momentos mediante la terapia de regresión, los métodos de visualización y la orientación espiritual obtenían muy buenos resultados. Pero, ¿qué ocurría con el resto de pacientes, muchos de los cuales se sometieron a terapia conmigo antes de que publicara mis libros? ¿Qué es lo que me faltaba saber de mí mismo?

Tal y como comprobé: un montón de cosas.

Había dejado de ser un profesor para muchos de estos pacientes crónicos; yo era simplemente una costumbre para ellos, una muleta. La mayoría dependía de mí, y yo, en lugar de retarles a obtener su independencia, me conformé con desempeñar el papel habitual.

Yo también dependía de ellos. Me pagaban, me halagaban, me hacían sentir indispensable, lo cual reforzaba el estereotipo del médico como un semidiós en nuestra sociedad. Tenía que enfrentarme a mi ego.

Afronté mis miedos uno por uno. La seguridad fue el primero. El dinero no es bueno ni malo; aunque a veces sea importante, no proporciona una verdadera seguridad. Necesitaba creer más en mí. Para poder correr riesgos y comprometerme a llevar a cabo la acción correcta, tenía que saber por adelantado que todo iría bien. Examiné mis valores: qué era importante en mi vida y qué no. Conforme repasaba mis creencias y valores y los ponía en orden, mis preocupaciones acerca del dinero y de la seguridad fueron desapareciendo como la niebla se esfuma con la luz del sol. Me sentí seguro.

Después abordé mi necesidad de sentirme indispensable e importante. Esto es otra ilusión del ego. Recordé que somos seres espirituales. En el fondo todos somos iguales. Todos somos importantes.

Mi necesidad de ser especial, de ser querido,

sólo podía satisfacerse de verdad a un nivel espiritual, desde lo más profundo de mi interior, desde la divinidad que hay dentro de mí. Mi familia podría ayudarme, pero sólo hasta cierto punto. Mis pacientes, evidentemente no. Yo podía enseñarles y ellos podían enseñarme a mí. Podíamos ayudarnos mutuamente, pero no satisfacer nuestras necesidades *más profundas*, porque eso sólo se obtiene mediante una búsqueda espiritual.

Los médicos somos maestros y terapeutas muy preparados, pero no semidioses. Simplemente somos personas expertas en nuestro campo. Somos eslabones de la misma cadena, como todos aquellos que ayudan en nuestra sociedad.

Las personas suelen ocultarse detrás de sus etiquetas y máscaras profesionales (médico, abogado, senador, etc.), la mayoría de las cuales ni siquiera existían antes de los años veinte o treinta. Hemos de recordar quiénes éramos antes de que nos concedieran nuestros títulos.

No se trata solamente de que todos seamos capaces de convertirnos en seres afectuosos y espirituales, en personas compasivas, buenas y pacíficas, llenas de alegría y de serenidad. *Ya* lo somos. Lo que pasa es que lo hemos olvidado, y nuestro ego, por lo visto, intenta evitar que lo recordemos.

Nuestra mente está obnubilada. Nuestros valores, invertidos.

Muchos psiquiatras me han confesado que se sienten atrapados por sus pacientes. Han perdido la ilusión de ayudarles.

A ellos, les recuerdo que también son seres espirituales. Están apresados por sus propias inseguridades y su ego. Ellos también necesitan valor para correr riesgos y para dar el paso definitivo hacia la salud y la felicidad.

17

Pues hemos llegado a este lugar por diferentes caminos. No tengo la sensación de que nos hayamos conocido antes, de déjà vu. *No creo que fueras tú, vestida de azul lavanda, quien estaba a orillas del mar, cuando yo pasaba cabalgando el año 1206, o a mi lado en las guerras fronterizas, o allí, en las Gallatin, hace cien años, tumbada junto a mí en la hierba de un verde plateado, sobre un pueblo de montaña. Lo sé por la naturalidad con la que vistes ropa lujosa y por cómo mueves la boca cuando te diriges al camarero en los buenos restaurantes. Tú provienes de los castillos y de las catedrales, de la elegancia y del imperio.*

ROBERT JAMES WALLER

Cuando terminé la cuenta atrás, Elizabeth ya había entrado en un trance profundo. Le temblaban los párpados. Su cuerpo estaba relajado y el ritmo de su respiración se había tranquilizado. Su mente ya estaba lista para iniciar el viaje a través del tiempo.

La trasladé lentamente al pasado, en esta ocasión a través de un riachuelo de montaña como puerta de acceso al pasado remoto. Atravesó el arroyo hasta alcanzar una hermosa luz. Pasó a través de ella y emergió en otro lugar y otro tiempo, en una vida anterior.

—Llevo unas sandalias de suela fina —dijo cuando le pedí que observara sus pies—. Con unas cintas alrededor de los tobillos. Llevo un vestido blanco muy largo, cortado de forma desigual. Por delante tiene forma de velo y cubre mi cuerpo hasta los tobillos. Las mangas son muy anchas y me cuelgan hasta el codo. Llevo unos brazaletes de oro en los brazos y en las muñecas —dijo describiéndose a sí misma vívidamente y con gran detalle—. Tengo el pelo castaño oscuro y me llega por debajo de los hombros, los ojos marrones. Mi piel es ligeramente morena —añadió.

—Eres una niña —supuse.

—Sí —contestó pausadamente.

—¿Cuántos años tienes, más o menos?

—Unos catorce.

—¿Qué haces? ¿Dónde vives? —le dije, formulándole dos preguntas seguidas antes de darle tiempo a responder.

—En el recinto del templo —contestó—. Me estoy preparando para ser una sanadora y ayudar a los sacerdotes.

—¿Sabes cómo se llama este lugar? —le pregunté.

—Estoy en Egipto... hace mucho tiempo.

—¿Puedes decirme el año?

—No —respondió—. No lo sé... pero hace mucho, mucho tiempo.

Le pregunté por sus recuerdos y experiencias de aquella vida anterior.

—¿A qué se debió que empezaras tu preparación para ser una sanadora y trabajar con los sacerdotes?

—Me escogieron los sacerdotes, como hicieron con los demás. A todos se nos escoge según nuestros talentos y capacidades... Los sacerdotes lo saben desde que somos muy jóvenes.

Yo quería obtener más información sobre ese proceso de selección.

—¿Cómo saben cuáles son vuestros talentos? ¿Os observan en la escuela o en vuestra casa?

—Oh, no —me corrigió—. Lo saben por intuición. Son muy sabios. Saben quién es bueno en aritmética y debe prepararse para ser ingeniero, contable o tesorero. Saben quién tiene talento para escribir y puede ser escribano. Saben quién tiene capacidad para ser militar y debe ser preparado para dirigir ejércitos. Saben quiénes podrán ser los mejores administradores, que habrán de prepararse para ejercer de gobernantes o funcionarios. También saben quiénes tienen cualidades para sanar y una buena intuición; éstos estudian para convertirse en sanadores y consejeros, e incluso para ser sacerdotes.

—Entonces son los sacerdotes los que deciden la profesión a la que se va a dedicar cada cual —dije resumiendo.

—Sí —asintió—. Los sacerdotes adivinan nuestros talentos y capacidades cuando somos muy pequeños. Entonces empieza nuestra preparación... No nos queda otro remedio.

—Esta preparación, ¿está al alcance de todo el mundo?

—Oh, no —contestó—. Sólo de los nobles, de los que tienen algún parentesco con el Faraón.

—¿Deben ser familia del Faraón?

—Sí, pero su familia es muy amplia. Los primos lejanos también son considerados como parte de la familia.

—¿Y qué ocurre con las personas dotadas que no son parientes suyos? —pregunté.

Mi curiosidad hizo que nos centráramos en ese sistema de selección familiar.

—Pueden asistir a algunas clases —me explicó con paciencia—. Pero sólo pueden llegar a ser... ayudantes de los dirigentes, es decir, de los parientes de la familia real.

—¿Tienes algún parentesco con el Faraón? —le pregunté.

—Soy una prima; pero no demasiado cercana.

—Lo bastante cercana... —añadí.

—Sí —contestó.

Decidí pasar a otra cosa, aunque sabía que el paciente que venía después de Elizabeth había cancelado su visita, así que no tenía tanta prisa como de costumbre.

—¿Hay algún familiar contigo?

—Sí. Mi hermano. Estamos muy unidos. Tiene dos años más que yo. También ha sido elegido para prepararse como sanador y sacerdote y estamos trabajando juntos. Nuestros padres viven un poco lejos y por eso es maravilloso tenerle aquí conmigo... Puedo verlo en estos momentos.

Me arriesgué una vez más a desviar el rumbo de sus evocaciones con el objetivo de averiguar detalles de sus relaciones y poder entenderlas.

—Mírale de cerca a la cara. Mírale a los ojos. ¿Lo reconoces como alguien de tu vida actual?

Elizabeth contemplaba fijamente el rostro de su hermano.

—No —dijo con tristeza—. No lo reconozco.

En cierto modo yo tenía la esperanza de que reconociera a su amada madre, o tal vez a su hermano o a su padre. Pero no se produjo ningún reconocimiento.

—Ahora avanza en el tiempo y deténte en el próximo suceso importante de tu vida como muchacha egipcia. Puedes recordarlo todo.

Tras seguir mis instrucciones, dijo:

—Ahora tengo dieciocho años. Mi hermano y yo hemos progresado mucho. Él lleva una falda corta blanca y dorada. Le llega por encima de las rodillas... Es muy guapo.

—¿En qué habéis progresado tanto? —le pregunté, haciendo que volviera al tema de su preparación.

—Sabemos hacer muchas más cosas que antes. Trabajamos con unas varitas curativas especiales que, cuando dominas sus propiedades, aceleran enormemente la recuperación de los tejidos y los miembros —respondió.

Se quedó callada unos momentos mientras examinaba las varitas.

—Contienen una energía líquida que fluye por su interior y debemos concentrar esta energía en el punto que hay que regenerar... Estas varitas se utilizan para hacer que los miembros vuelvan a crecer y para curar los tejidos, incluso los que se están muriendo o ya están muertos.

Me quedé de piedra. Ni tan siquiera la medicina moderna es capaz de hacer tal cosa. Por el contrario, la naturaleza sí es capaz, como en el caso de las colas de las salamandras o las lagartijas, que pueden volver a crecer cuando han sido seccionadas. Las últimas investigaciones sobre las lesiones traumáticas de la médula espinal se orientan hacia el inicio de la regeneración nerviosa controlada, unos cuatro o cinco mil años después del trabajo de Elizabeth con las varitas que regeneraban tejidos.

Elizabeth no podía explicar claramente por qué curaban las varitas, sólo sabía que lo hacían por medio de energía. No tenía los conceptos necesarios para entenderlo y explicarlo.

Empezó a hablar de nuevo para aclarar por qué razón no conocía el funcionamiento de aquellas varitas.

—Eso es lo que ellos me cuentan. Yo soy joven, y una chica. He tenido las varitas en mis manos, pero nunca he podido comprobar su funcionamiento. Todavía no he presenciado una regeneración... Mi hermano sí. A él se lo han permitido, y dentro de un tiempo tendrá derecho a saberlo todo sobre la regeneración. Mi preparación acabará antes de alcanzar este nivel. No puedo llegar más lejos porque soy mujer —explicó.

—¿Así que él lo sabrá todo sobre la regeneración y tú no? —le pregunté.

—Eso es —respondió—. Él podrá conocer los secretos mejor guardados, pero yo no.

Se quedó callada y de pronto añadió:

—No le tengo envidia. Es la costumbre... una costumbre estúpida, porque yo tengo mucha más habilidad para curar que muchos hombres...

Su voz se transformó en un susurro.

—De todas formas él me revelará los secretos... me lo ha prometido. También me enseñará cómo se emplean las varitas. Ya me ha explicado muchas cosas. ¡Me ha dicho que están intentando devolver la vida a personas que acaban de morir!

—¡A los muertos! —exclamé sorprendido.

—Sí, pero hay que actuar con mucha rapidez —añadió.

—¿Y cómo lo hacen?

—No lo sé... Se emplean unas varitas concretas, se recitan unos salmos especiales y el cuerpo ha de estar colocado en una posición determinada. Hay más detalles, pero yo no los conozco... Cuando mi hermano lo aprenda, me lo contará todo —dijo poniendo el punto y final a su explicación.

Mi mente lógica llegó a la conclusión de que las personas «reanimadas» en realidad no estaban muertas, sino en un estado similar al de los pacientes que se recuperan de experiencias de casi muerte. Después de todo, en aquellos tiempos no disponían de los aparatos necesarios para controlar el funcionamiento de las ondas cerebrales y no se detectaba con precisión la ausencia de actividad cerebral, lo que en términos modernos denominamos «muerte clínica».

Mi intuición me decía que mantuviera la mente abierta. Podían existir otras explicaciones que sobrepasaran mi nivel actual de comprensión.

Elizabeth seguía sin hablar, así que volví a empezar el interrogatorio.

—¿Hay otros métodos de curación? —le pregunté.

—Hay muchos —respondió—. Uno es con las manos. Tocamos la superficie del cuerpo que está afectada y enviamos directamente la energía sobre esa zona a través de nuestras manos. Algunos ni siquiera necesitan tocar la piel. Percibimos el calor que despide un área determinada del cuerpo de la persona en cuestión y lo distribuimos proporcionalmente para suavizar la energía. El calor no debe concentrarse en una zona, así que nosotros nos encargamos de repartirlo.

Empezó a hablar más rápido en cuanto se puso a describir los diferentes tipos de métodos de curación de aquella época.

—Otros sanadores detectan los problemas con la mente, y entonces envían mentalmente energía a la zona afectada. Yo todavía no sé aplicar este método —añadió—, pero no tardaré en aprenderlo. Hay sanadores que, con los dedos índice y corazón, toman el pulso del paciente y envían energía directamente a la sangre. De esta manera se llega a los órganos internos y puede verse cómo la energía purificadora se escapa por los dedos de los pies del paciente —continuó Elizabeth, de un modo cada vez más rápido y más detallado—. Ahora practico la inducción a un estado de trance profundo e intento que los pacientes se percaten de la curación a medida que se va produciendo. De este modo, completan el proceso de transformación curativa llevándolo hasta el nivel mental. Para ayudarles a profundizar al máximo en su estado de trance, les administramos unas pociones.

Elizabeth se quedó en silencio.

Exceptuando las pociones, el último método que describió guarda mucha relación con las visualizaciones hipnóticas que actualmente yo y muchos otros especialistas empleamos con el fin de estimular el proceso de curación.

—¿Existen otros métodos? —pregunté.

—Los que evocan a los dioses están reservados para los sacerdotes —contestó—. Yo los tengo prohibidos.

—¿Prohibidos?

—Sí, porque las mujeres no podemos ser sacerdotes. Podemos ser sanadoras y asistir a los sacerdotes, pero no podemos realizar su trabajo... Algunas mujeres se llaman a sí mismas sacerdotisas y tocan instrumentos en las ceremonias, pero no tienen ningún poder. Son músicas, al igual que yo soy sanadora, pero difícilmente podrían ser sacerdotes —añadió con un cierto tono sarcástico en su voz—. Hasta Hator se burla de ellas.

Hator era la diosa egipcia del amor, la alegría y la felicidad, y también de la festividad y la danza. Elizabeth probablemente se refería a una de las funciones más esotéricas de Hator, la de defensora y protectora de las mujeres. El hecho de que Hator se burlase de estas sacerdotisas subrayaba lo poco que valía su título.

Elizabeth volvió a guardar silencio, y mientras tanto yo empecé a asociar algunas cosas con el presente. En ciertos aspectos el mundo no parece haber cambiado mucho.

El camino del progreso en el antiguo Egipto sólo estaba reservado para unos pocos. A los parientes del Faraón, que se autodenominaba semidiós, les estaba permitido progresar, pero las mujeres de la familia no tardarían en toparse con la barrera del sexo. Los parientes masculinos del Faraón eran los únicos privilegiados.

Elizabeth seguía callada y la insté a seguir hablando.

—Avanza en el tiempo hacia el acontecimiento más importante de esa vida. ¿Qué ves?

—Ahora mi hermano y yo somos consejeros —contestó después de haber avanzado unos años—. Asesoramos y aconsejamos al gobernador de esta zona. Es un gran administrador y también un buen jefe militar, pero es muy impulsivo y necesita de nuestra intuición y nuestra orientación interior... Le ayudamos a encontrar el equilibrio.

—¿Eres feliz haciendo esto?

—Sí, me gusta estar con mi hermano, y el gobernador suele ser amable con nosotros. Siempre escucha nuestros consejos... y también trabajamos como sanadores.

Más que contenta, parecía realmente feliz. No estaba casada, de modo que su hermano era su familia. Traté de que avanzara de nuevo en el tiempo.

Su rostro expresó de pronto una gran tristeza. Rompió a llorar y cuando se calmó, dijo:

—Sé demasiadas cosas. Tengo que ser fuerte. No temo el exilio ni la muerte, pero abandonar a mi hermano... ¡es muy duro!

Otra lágrima se deslizó por su mejilla.

—¿Qué ha ocurrido? —le pregunté un poco sorprendido del repentino declive de aquella vida tan afortunada.

—El hijo del gobernador cayó gravemente enfermo. Murió antes de que se pudiera hacer nada. El gobernador conocía nuestro trabajo de regeneración y nuestros intentos de reanimar a los que acaban de morir. Así que me *exigió* que devolviera a su hijo a la vida. Si no lo conseguía, iba a ser enviada al exilio para siempre. Nadie regresa del exilio jamás.

—¿Y qué pasó con su hijo? —le pregunté dubitativo.

—No pude devolverlo a la vida. No me estaba permitido. Por lo tanto, fui castigada —dijo entristeciéndose otra vez y con lágrimas en los ojos—. Es absurdo —añadió pausadamente—. Nunca me dejaron aprender nada sobre las varitas... Tampoco me permitieron que adquiriera conocimientos sobre la regeneración y la reanimación. Mi hermano me enseñó algunas cosas, pero no lo suficiente... Ellos no sabían lo que él me había contado.

—¿Qué le ocurrió a tu hermano?

—Como estaba fuera, se salvó. Todos los sacerdotes estaban de viaje. Sólo quedaba yo... Él llegó a tiempo para verme antes de que me desterraran. No temo al exilio ni a la muerte, sólo me asusta abandonarle... pero no tengo otra opción.

—¿Cuánto tiempo estuviste en el exilio? —le pregunté.

—No mucho. Sabía cómo salir de mi cuerpo. Un día lo abandoné y no volví más. Ésa fue mi muerte, pues sin el alma, el cuerpo muere.

Ella ya había saltado a ese punto y me hablaba desde una dimensión superior.

—¿Así de fácil?

—Cuando se escoge una muerte de este tipo no hay dolor ni interrupción de la conciencia. Por esta razón no tenía miedo a morir. Sabía que nunca volvería a ver a mi hermano y que tampoco podría trabajar en aquella árida isla. Era absurdo conservar el cuerpo físico. Los dioses lo entienden.

Se quedó en silencio, descansando. Yo sabía que el amor que sentía por su hermano sobreviviría a la muerte física, al igual que el amor que sentía él por ella. El amor es eterno. ¿Se habían vuelto a encontrar en alguna vida entre aquélla y la actual? ¿Iban a reunirse de nuevo en el futuro?

También sabía que este recuerdo la ayudaría a calmar su dolor. Se había vuelto a encontrar a sí misma en una lejana vida pasada. Su conciencia, su alma, había superado la muerte física y el paso de muchos siglos para resurgir de nuevo, esta vez como Elizabeth. Si ella podía sobrevivir a través del tiempo, su madre también podía hacerlo. Todos podemos. No se había encontrado con su madre en el antiguo Egipto, pero había hallado a un hermano muy querido, un alma gemela que no supo reconocer como alguien de su vida presente, por lo menos hasta ese momento.

Me gusta pensar que las almas se relacionan como los millares de hojas de un viejo árbol. Las que penden de nuestro propio tallo están estrechamente relacionadas con nosotros e incluso llegamos a compartir diferentes experiencias con ellas, vivencias del alma. También nos sentimos estrechamente unidos a las hojas de nuestras ramas. Tenemos algo en común con ellas. Están cerca de nosotros, pero no tanto como lo están las hojas de nuestro tallo. De igual modo, conforme nos vamos alejando por las ramas del árbol, nuestra relación con las otras hojas o almas sigue existiendo pero no es tan íntima como la que tenemos con las hojas más cercanas. Todos formamos parte de un árbol y un tronco. Podemos compartir experiencias. Nos conocemos. Pero los que pertecenen a nuestro tallo son los más íntimos.

En este bello bosque hay muchos otros árboles. Cada uno de ellos está conectado con los demás a través del sistema de raíces subterráneo. De este modo, aunque una hoja se encuentre en un árbol muy lejano y diferente del nuestro, seguiremos conectados a ella. Estamos conectados a todas las hojas, pero tenemos una relación más estrecha con las de nuestro árbol, todavía más íntima con las de nuestra rama y un vínculo que es casi una fusión con las de nuestro tallo.

Es posible que nos hayamos reunido en vidas pasadas con otras almas que pertenecen al mismo árbol pero que se encuentran lejos de nosotros. Podemos haber tenido muchas relaciones diferentes con esas almas, relaciones que quizás hayan sido muy breves. Tal vez hayamos aprendido algo nuevo, incluso de un encuentro de media hora. Una de estas almas tal vez haya sido un mendigo que se ha cruzado en nuestro camino y que nos ha conmovido. Con ello ha crecido nuestra capacidad de sentir compasión por otro ser humano y hemos contribuido a que esa persona aprenda a recibir amor y ayuda. Seguramente nunca más nos volvimos a encontrar con el mendigo en esa vida, pero formamos parte de la misma historia. La duración de nuestros encuentros varía: cinco minutos, una hora, un día, un mes, una década o más; así es como se relacionan las almas. Las relaciones no se miden en tiempo sino en lecciones aprendidas.

Cuando veo la imagen de Tipper Gore sosteniendo en brazos y bañando a un niño ruandés afectado de cólera, pienso que puede haber sido un encuentro de dos almas vinculadas desde el pasado, porque en un breve encuentro este niño probablemente haya ayudado a cambiar la vida de la señora Gore.

No hay ninguna duda de que fue un encuentro que ella nunca olvidará.

18

Qué interesante sería escribir la historia de las experiencias en esta vida de un hombre que se suicidó en su vida anterior; cómo tropieza ahora con las mismas exigencias que se le habían presentado anteriormente, hasta que llega a comprender que debe satisfacerlas... Los hechos de una vida previa encauzan la vida presente.

TOLSTÓI

Sentía cómo su alma se impregnaba de aquel mensaje. Las palabras vivas se imprimieron para siempre en su ser. Mientras descansaba después de abandonar su cuerpo destrozado, ambos sopesamos las distintas lecturas de aquellas palabras aparentemente tan sencillas.

La sesión se había iniciado como de costumbre. Induje a Pedro a una regresión mediante un método rápido y enseguida penetró en un profundo y tranquilo estado de trance. Respiraba honda y regularmente y sus músculos se relajaron por completo. Su mente, muy concentrada gracias a la hipnosis, atravesó los límites habituales del espacio y el tiempo y empezó a recordar acontecimientos anteriores a su nacimiento como Pedro.

—Llevo unos zapatos marrones —dijo al emerger en los confines físicos de una encarnación anterior—. Están viejos y gastados... Soy un hombre de unos cuarenta años —añadió sin que yo se lo preguntara—. Me estoy quedando calvo por la coronilla y mi cabello empieza a encanecer. Las patillas y la barba ya están grises. La barba es muy corta.

Estaba prestando atención a los mínimos detalles. Yo valoraba la precisión de sus explicaciones, pero también era consciente de que el tiempo se nos escapaba.

—Ve hacia delante —le aconsejé—. Averigua qué haces en esta vida. Trasládate al siguiente acontecimiento importante.

—Mis gafas son pequeñas y tienen una montura metálica —continuó, centrándose todavía en el aspecto externo—. Tengo la nariz muy ancha y la piel blanquecina.

No es nada raro que un paciente hipnotizado se resista a mis indicaciones. He aprendido que no siempre puedes guiar al paciente; a veces es él quien lo hace.

—¿A qué te dedicas en esta vida? —le pregunté.

—Soy médico —respondió enseguida—, un médico de pueblo. Tengo mucho trabajo. La mayoría de la gente es pobre, pero me las arreglo. En general, son buenas personas.

—¿Sabes el nombre del lugar donde vives?

—Creo que es en este país, en Ohio...

—¿Sabes el año?

—Creo que finales de 1800.

—¿Y tu nombre? —le pregunté con mucha cautela.

—Thomas... Me llamo Thomas.

—¿Sabes tu apellido?

—Empieza por D... Dixon, Diggins o algo parecido... No me siento bien —añadió.

—¿Qué te ocurre?

—Estoy muy triste... muy triste. ¡No quiero seguir viviendo!

Pedro se había trasladado a una época de crisis.

—¿Qué es lo que te produce tristeza? —pregunté.

—Ya he estado deprimido antes —me aclaró—. Es una sensación que viene y se va, pero esta vez es la peor. Nunca me había sentido tan mal antes. Las dos cosas son igual de insoportables... No puedo seguir así.

—¿Las dos cosas? —dije sin comprender.

—Murió uno de mis pacientes. La fiebre acabó con él. Confiaron en mí para que lo salvara. Pusieron toda su fe en mí y no pude conseguirlo. Les he decepcionado... Ahora se han quedado sin padre, sin marido. Tendrán que luchar mucho para sobrevivir... ¡No he sido capaz de salvarlo!

—A veces los pacientes mueren a pesar de nuestros más denodados esfuerzos, especialmente en el siglo XIX —añadí, intentando paradójicamente atenuar su sentimiento de culpabilidad y su desesperación a causa de un hecho que había acontecido hacía un siglo.

Yo no podía cambiar aquel suceso, pero sí su manera de verlo. Sabía que Thomas ya había tenido estos sentimientos y que había actuado guiándose por ellos. A lo hecho, pecho. Pero todavía estaba a tiempo de echar una mano a Pedro, ayudándole a comprender, a cambiar su perspectiva y mirar las cosas desde un punto de vista más objetivo. Permaneció en silencio. Esperaba no haberle hecho salir de su vida anterior como médico al someterle a una terapia que sobrepasaba el nivel de comprensión de Thomas. Ni siquiera había descubierto cuál era el otro motivo que había desencadenado su depresión.

—¿Cuál es la otra causa de tu tristeza? —le pregunté intentando que el genio entrara otra vez en la lámpara.

—Me ha abandonado mi mujer —respondió.

Me tranquilicé al comprobar que era Thomas quien estaba hablando de nuevo.

—¿Te ha abandonado? —repetí para que me diera detalles.

—Sí —respondió apenado—. Nuestra vida era demasiado difícil. Ni siquiera podíamos tener hijos. Regresó a Boston con su familia... Me siento muy avergonzado... No pude ayudarla. No supe hacerla feliz.

En aquel momento ni siquiera intenté someter a terapia su mente superior. En lugar de eso, le pedí que avanzara en el tiempo al siguiente hecho importante de aquella vida. Podíamos volver a la terapia más tarde, mientras él repasaba aquella vida todavía en estado hipnótico o incluso después, una vez que saliera del trance.

—Tengo una pistola —explicó—. ¡Me pegaré un tiro y así acabaré con esta miseria!

Preferí no perder tiempo en preguntarle por qué escogió una pistola y no uno de los muchos medicamentos o venenos que un médico de aquella época tenía a su alcance. Él ya había tomado la decisión hacía un siglo. Esa pregunta probablemente era mi manera de intelectualizar su desesperación, que era tan grande como para conducirle al suicidio.

—¿Qué pasa después? —fue la pregunta que le hice.

—Lo he hecho —dijo sencillamente—. Me he disparado en la boca y ahora veo mi cuerpo... ¡Cuánta sangre!

Había salido de su cuerpo y lo observaba desde lejos.

—¿Cómo te sientes ahora? —le pregunté.

—Confundido... Todavía me siento triste... y muy cansado —añadió—. Pero no puedo descansar. Aún no... Alguien ha venido a verme.

—¿Quién es?

—No lo sé. Alguien muy importante. Tiene algo que decirme.

—¿Qué te dice?

—Que siempre fui bueno, y que no debería haber puesto fin a mi vida. Sin embargo, él sabía que haría lo que hice.

—¿Hay algo más? —le pregunté dejando de lado la paradoja.

En aquel momento la respuesta iba dirigida directamente a mí, con una voz más potente. ¿Se trataba de Thomas, de Pedro o de otra persona? Por un instante pensé en los Maestros que hablaban a través de Catherine, pero esto me sucedía unos años después, y Catherine no se encontraba ahí:

—Lo que importa es tender la mano con amor y ayudar al prójimo, y no los resultados. Sólo tenéis que llegar a los demás con amor, amaos los unos a los otros. Los resultados de este proceder no son lo que buscáis. Sanar el cuerpo físico. Lo que debéis curar es el corazón de las personas.

La voz se dirigía a Thomas y a mí, ambos médicos. Los dos escuchábamos absortos el mensaje. Aquella voz era más poderosa, segura e instructiva que la de Pedro.

—Yo os enseñaré cómo curar el corazón de los hombres. Lo comprenderéis. *¡Amaos los unos a los otros!*

Ambos sentíamos la fuerza de aquellas palabras mientras se grababan en nuestro interior. Las palabras estaban vivas. Nunca más las podríamos olvidar.

Más adelante, Pedro me dijo que vio y oyó perfectamente todo lo que aquel luminoso visitante nos había comunicado, y que sus palabras bailaban al ritmo de la luz a medida que se iban enlazando unas con otras.

Yo había oído las mismas palabras. Estaba seguro de que también iban dirigidas a mí. Eran unas importantes lecciones que me apresuré a aceptar. Tiende una mano con amor y compasión y no te preocupes tanto de los resultados. No pongas fin a tu vida antes de que se extinga de forma natural. Existe una sabiduría superior que se ocupa de las consecuencias y sabe el momento en que deben ocurrir todas las cosas. El libre albedrío y el destino coexisten. No valores la curación por los resultados físicos. La curación se produce en distintos niveles y no únicamente en el físico. La curación verdadera debe producirse en el corazón. De un modo u otro yo aprendería cómo curar el corazón de los hombres. Lo más importante es que nos amemos los unos a los otros: una sabiduría eterna al alcance de todos, pero aplicada sólo por unos pocos.

Volví a pensar en Pedro. Las separaciones y las pérdidas lo atormentaban en todas sus vidas. En esa ocasión le habían llevado al suicidio. Se le había amonestado por haber puesto fin a su vida prematuramente, pero volvió a sufrir más pérdidas y a experimentar de nuevo aquel terrible dolor. ¿Se acordaría de los consejos o la desesperación lo invadiría de nuevo?

Ser médico y no poder curar a tu paciente te hunde en la tristeza. Es el «fracaso» de Elizabeth en el antiguo Egipto, la desesperación de Pedro en su vida como Thomas, el médico de Ohio; son mis propias experiencias dolorosas como terapeuta.

El primer fracaso que viví como médico, pues no pude impedir los efectos devastadores de una enfermedad, se produjo hace más de veinticinco años, en mis primeras prácticas clínicas como estudiante de tercer año de medicina en la Universidad de Yale. Empecé en el departamento de pediatría y me encargaron cuidar de Danny, un niño de siete años con un tumor de Wilms muy extendido. Se trata de un tumor maligno del hígado que ataca exclusivamente a los niños. Cuanto más joven es el enfermo, mejor es el pronóstico, y siete años no eran pocos para este tipo de cáncer.

Danny fue mi primer paciente real. Antes de él, mi experiencia se reducía a las clases, conferencias, experimentos en laboratorios e interminables horas delante de mis libros. En el tercer año de carrera se empezaban las prácticas clínicas. Se nos asignaba una sala de hospital con enfermos de verdad. Había llegado la hora de llevar a la práctica todos nuestros conocimientos.

Me encargué de los análisis de sangre de Danny y de otras tareas menores, lo que los médicos más veteranos llamaban «tareas de novatos»; pero eran actividades muy útiles para nosotros, unos simples estudiantes de tercer año de medicina.

Danny era un niño maravilloso, pero el víncu-lo que me unía a él era todavía más fuerte y especial por el hecho de ser mi primer paciente.

Danny luchó heroicamente. Había perdido el pelo debido a la quimioterapia, tan potente como tóxica, y tenía el vientre muy hinchado. A pesar de todo, se iba recuperando y sus padres y yo no perdíamos la esperanza. Por aquel entonces, un alto porcentaje de niños superaba esta clase de dolencia.

Yo era el miembro más joven del equipo. Como es normal, los estudiantes de medicina tienen menos conocimientos prácticos que los residentes internistas o asistentes que están continuamente ocupándose de enfermos; sin embargo, los estudiantes tienen más tiempo para dedicar al paciente y a su familia. En general, ésta es su principal tarea. Normalmente nos tocaba a nosotros hablar con la familia o transmitir los mensajes al paciente.

Danny era mi paciente más importante y sentía mucho afecto por él. Pasaba muchas horas sentado en su cama, hablando o jugando con él, o leyéndole cuentos. Admiraba su valentía. También solía pasar horas con sus padres en aquella triste y oscura habitación de hospital. A veces incluso comíamos juntos en la cafetería. Estaban asustados, pero se animaban cuando veían a su hijo mejorar.

De repente, Danny empeoró radicalmente. Una peligrosa infección respiratoria atacó a su debilitado sistema inmunitario: le costaba respirar y sus ojos perdieron la vivacidad habitual y se volvieron vidriosos y apagados. Los miembros más veteranos del equipo médico me relegaron. Empezaron a administrarle antibióticos, luego interrumpieron el tratamiento y a continuación le recetaron otros antibióticos, pero todo fue en vano. Danny se iba apagando por momentos. Permanecí junto a sus padres, compartiendo su sufrimiento y su terror. La enfermedad ganó la batalla. Danny murió.

Yo estaba demasiado abatido para seguir junto a sus padres; lo único que hice fue abrazarles y decirles algunas palabras de consuelo. Me identifiqué totalmente con el dolor que sufrieron en aquel momento. Tres años más tarde, cuando mi propio hijo murió en un hospital, lo comprendí todavía más. Pero en aquel momento, me sentía un poco responsable de la muerte de Danny, como si hubiera debido hacer algo, cualquier cosa, para evitarlo.

El «fracaso» o la imposibilidad de curar es algo que hace mella en lo más hondo del alma de un médico. Entendía perfectamente la desesperación que sentía Thomas.

Son pocos los pacientes de psiquiatría que mueren debido a su enfermedad. Sin embargo, la incapacidad de ayudar a un paciente que sufre trastornos agudos causa una frustración y un sentimiento de impotencia similares.

Cuando era presidente del Departamento de Psiquiatría del Mount Sinai Hospital, traté a una mujer muy bella e inteligente de unos treinta años. Era una mujer brillante en su profesión, y acababa de contraer felizmente matrimonio. Pero poco a poco se fue volviendo paranoica, y cada vez empeoraba más a pesar de los medicamentos, la terapia y otros tipos de intervenciones. Ni yo ni ninguno de los especialistas que me asesoraron pudimos determinar por qué no mejoraba, ya que el curso de su enfermedad, sus síntomas y el resultado de las pruebas no se relacionaban con la esquizofrenia ni con ninguna de las manías y psicosis comunes. Su deterioro había empezado justo después de un viaje al Lejano Oriente y una de las pruebas mostraba un nivel muy alto de anticuerpos provocados por un parásito en concreto. Aun así, no existía tratamiento médico o psiquiátrico que pudiera ayudarla y poco a poco fue empeorando.

Una vez más sentí las punzadas de la impotencia, la frustración que siente el sanador cuando no es capaz de curar.

Tender una mano con amor, dar lo mejor de nosotros y no preocuparnos tanto de los resultados o consecuencias, ésta es la respuesta. Este simple concepto, una verdad que resuena dentro de mí, es el bálsamo de comprensión que necesitan los sanadores. En cierto sentido, yo le había tendido una mano con amor a Danny y él me había devuelto el gesto.

19

O acaso los años caballerescos acabaron
en la tumba junto con el viejo mundo,
yo era rey en Babilonia
y tú eras una esclava cristiana.
Te vi, te tomé y te dejé,
sometí tu orgullo y acabé con él...
Y una mirada de soles se había puesto y
                          [había brillado
desde entonces sobre la tumba
decretada por el rey de Babilonia
para ella, la que había sido su esclava.
El orgullo que pisoteé es ahora mi cruz,
porque ahora soy yo el pisoteado.
El viejo resentimiento dura tanto como la
                          [muerte,
porque amas, pero te reprimes.
Me parto el corazón contra tu dura
                          [infidelidad,
y me lo parto en vano.

WILLIAM ERNEST HENLY

Elizabeth se sentía frustrada y desalentada. Su nueva relación había durado tan sólo dos citas. Bob la evitaba. Ella lo había conocido hacía más de un año en su trabajo. Bob era un hombre guapo y triunfador, y compartían muchas aficiones. Le había contado que su largo romance con una mujer casada acababa de finalizar. Había tenido varias relaciones cortas con otras mujeres, pero por alguna razón sentía que siempre les faltaba algo. A su modo de ver, eran mujeres superficiales, poco inteligentes o que no tenían los mismos principios que él. Dada la situación, las dejaba y regresaba en busca de su amante casada, que siempre lo aceptaba de nuevo. El marido de ésta era rico, así que ella no se decidía a separarse y abandonar aquella vida tan opulenta, aunque la relación matrimonial carecía en absoluto de pasión.

—Eres distinta a las demás —le juró Bob a Elizabeth—. Compartimos tantas cosas...

Le dijo que era la más inteligente de todas y la más guapa, y que sabía que su relación podía durar.

Elizabeth se convenció de que Bob verdaderamente tenía razón: «Siempre estuvo allí, y yo, en realidad, nunca me di cuenta —pensó—. A veces los árboles no te dejan ver el bosque.»

Pero se olvidó de que el motivo por el cual nunca había reparado en Bob ni en sus atractivos físicos era que no había química entre ellos. Estaba sola y desesperada por encontrar un hombre. Se guiaba por la mente y no hizo caso del aviso de su corazón.

El primer encuentro fue muy prometedor. Salieron a tomar algo, fueron a ver una buena película y después mantuvieron una conversación íntima mientras contemplaban las olas agitadas por el viento bajo la luz de una luna casi llena.

—Podría enamorarme de ti —le dijo él, tomándole el pelo con una promesa que nunca iba a cumplirse.

La mente de Elizabeth registraba cada palabra sin inmutarse por su vacío emocional.

La segunda cita fue bien. Ella se divirtió y tuvo la sensación de que él también. El afecto que Bob demostró parecía verdadero y daba a entender que tendrían relaciones más íntimas en el futuro. Pero no la volvió a llamar.

Fue Elizabeth quien finalmente lo llamó. Bob estuvo de acuerdo en volverla a ver, pero le dijo que estaba muy ocupado y que no sabía cuándo podría disponer de un momento. Le aseguró que nada había cambiado en sus sentimientos, que *quería* verla, pero que no podía precisarle cuándo.

—¿Por qué siempre elijo a perdedores? —me preguntó—. ¿Qué me ocurre?

—No eliges a perdedores —le respondí—. Bob es un hombre guapo y triunfador que te dijo que tenía interés por ti y que estaba disponible. No te culpes a ti misma.

Algo en mí me decía que Elizabeth tenía razón, pero no se lo confesé. Ciertamente escogía a perdedores, en este caso un fracasado emocional que no era capaz de abandonar la seguridad que le proporcionaba su amante casada. Decidió seguir dependiendo de ella y «a salvo». Elizabeth se convirtió en la víctima de sus temores y de su falta de valor. «Es mejor ahora que más tarde», pensé. Elizabeth era una mujer fuerte; se recuperaría.

Me preguntó si quedaba tiempo para intentar una regresión. Sentía que había algo importante cerca de la superficie y estaba ansiosa por averiguar qué era, así que nos pusimos manos a la obra.

Cuando ella emergió en una vida pasada muy lejana, no estuve del todo seguro de haber tomado la decisión correcta.

Elizabeth veía unas extensas llanuras onduladas y unas colinas chatas y uniformes. Era una tierra poblada de animales parecidos al yak y de caballos pequeños y ágiles, de grandes carpas y de nómadas. Era una tierra de pasión y también de violencia. Mientras su marido estaba cazando o haciendo incursiones con otros hombres del lugar, los enemigos irrumpieron inesperadamente con sus caballos al galope y atacaron a los reducidos defensores del poblado. Los padres de su marido fueron los primeros en morir, despedazados por unas grandes y afiladas espadas. Seguidamente destriparon a su hijo con una lanza. Su estremecido espíritu se retorcía. Elizabeth también deseaba morir, pero ése no fue su destino. Era tan bella que fue capturada por unos guerreros jóvenes y puesta en manos del más fuerte de los invasores. A otras pocas mujeres jóvenes también se les perdonó la vida.

—¡Déjame morir! —rogaba, pero él no la complació.

—Ahora eres mía —dijo sin remilgos—. Vivirás en mi tienda y serás mi esposa.

A excepción de su marido, a quien no volvió a ver nunca más, todos sus seres queridos estaban muertos. No tenía otra opción. Intentó escapar varias veces, pero enseguida daban con ella. Asimismo, le impidieron cualquier intento de suicidio.

Se fue insensibilizando poco a poco y su depresión desembocó en una constante furia corrosiva que devoraba su capacidad de amar. Su espíritu se marchitaba y casi dejó de existir; era un corazón endurecido atrapado en un cuerpo. No había en el mundo una cárcel tan restrictiva y cruel como aquélla.

—Retrocedamos un poco más en el tiempo —le indiqué—. Trasladémonos justo al momento antes de que tu poblado fuera asaltado.

Empecé a contar hacia atrás de tres a uno.

—¿Qué ves? —le pregunté.

Su rostro reflejaba paz y serenidad; recordaba sus primeros años, su crecimiento. Reía y jugaba con el hombre que más adelante sería su esposo. Ella quería mucho a este amigo de la infancia y él le devolvió más tarde su amor. Estaba a gusto.

—¿Reconoces al hombre con quien te casaste? Mírale a los ojos.

—No, no lo reconozco —respondió.

—Fíjate en el resto de personas que viven en tu pueblo. ¿Puedes reconocer a alguien?

Ella observó detenidamente a los parientes y amigos que tenía en aquella vida.

—Sí... sí, ¡ahí está mi madre! —dijo Elizabeth con un grito ahogado—. Es la madre de mi esposo. Estamos muy unidas. Cuando mi madre murió me trató como a una hija. ¡La reconozco!

—¿Reconoces a alguien más? —le pregunté.

—Vive en la tienda más grande, en la de las banderas y las plumas blancas —contestó sin hacer el menor caso a mi pregunta.

Se le ensombreció la mirada.

—¡También la han matado! —exclamó apesadumbrada volviendo a la masacre.

—¿Quién la ha matado? ¿De dónde vienen?

—Del este, del otro lado del muro... Es el mismo lugar donde estoy cautiva.

—¿Sabes cómo se llama este lugar?

Ella pensó un poco.

—No. Creo que podría tratarse de Asia, de algún lugar del norte, quizá del oeste de China... Tenemos rasgos orientales.

—Está bien —dije—. Avancemos en el tiempo dentro de esta misma vida. ¿Qué te ocurrió?

—Finalmente, cuando me hice mayor y ya no era tan atractiva, dejaron que me suicidara —contestó sin grandes aspavientos—. Creo que acabaron cansándose de mí —añadió.

Ahora estaba flotando, después de haber salido de su cuerpo. Le pedí que hiciera un repaso de su vida.

—¿Qué puedes decirme? ¿Qué lecciones has aprendido?

Al principio Elizabeth se quedó callada, pero al poco tiempo respondió:

—He aprendido muchas cosas. Sé lo que es la ira y lo insensato que es aferrarse a ella. Hubiera podido trabajar para los niños, para los viejos, para los enfermos del pueblo enemigo. Podría haberles enseñado cosas... haberles amado... pero nunca me permití volver a amar. No dejé que mi furia se desvaneciera. Impedí que mi corazón se abriera otra vez. Y esos niños, por lo menos, eran inocentes. Eran almas que estaban entrando en este mundo y no tenían nada que ver con el ataque ni con la muerte de mis seres queridos. Aun así, también les culpé. Mi cólera se extendió incluso a las nuevas generaciones. Es ridículo. Seguramente les herí, pero sobre todo me herí a mí misma... Nunca me permití volver a amar.

Hizo una pausa y añadió:

—Y tenía mucho amor que ofrecer.

Volvió a guardar silencio y de repente habló otra vez, pero desde una dimensión superior.

—El amor es como un fluido que inunda hasta el último resquicio. Llena los espacios vacíos espontáneamente. Somos nosotros, la gente, los que obstaculizamos su paso levantando falsas barreras. Y cuando el amor no puede llenar nuestro corazón y nuestra mente, cuando nos desconectamos del alma, que a su vez está compuesta de amor, nos volvemos todos locos.

Pensé en sus palabras. Sabía que el amor era importante, tal vez lo más importante del mundo, pero nunca había caído en la cuenta de que la ausencia de amor podía hacernos perder la cordura.

Recordé los famosos experimentos con monos del psicólogo Harry Harlow. Los monos que no podían tocar a otros, que estaban privados del afecto y el amor, se volvían totalmente insociables, se ponían enfermos e incluso llegaban a morir. No podían sobrevivir de un modo sano sin amor. Amar no es una opción, es una necesidad.

Mi mente volvió a Elizabeth.

—Mira más adelante en el tiempo. ¿En qué medida te afecta lo que has aprendido? ¿De cuál de las maneras puede ayudarte actualmente a sentirte más feliz y tranquila y a ser más afectuosa?

—Debo aprender a soltar mi furia en lugar de agarrarme a ella, a aceptarla, reconocer su origen y dejarla marchar. Debo sentirme libre para amar en vez de contenerme, y sin embargo sigo buscando. No he encontrado a nadie a quien amar íntegra e incondicionalmente. Siempre acaban surgiendo problemas.

Guardó silencio durante medio minuto. De pronto se puso a hablar lentamente con una voz mucho más profunda. En la habitación se respiraba un aire frío.

—Dios es uno —empezó diciendo. Le costaba articular las palabras—. Todo él es una vibración, una energía. Lo único que varía es la velocidad de la vibración. Por lo tanto, Dios, las personas y las rocas tienen la misma relación que el vapor, el agua y el hielo. Todo, todo lo que existe, está hecho de una sola cosa. El amor rompe las barreras y crea la unidad. Todo lo que levanta barreras y produce separaciones es ignorancia. Debes enseñarles todo esto.

Éste fue el final. Elizabeth decidió descansar.

Pensé que los mensajes de Catherine eran muy parecidos a los de Elizabeth. La habitación estaba fría cuando Catherine transmitía aquellos mensajes, al igual que cuando lo hacía Elizabeth. Sus palabras me hicieron reflexionar. Curar es unirse, anular las barreras. La separación es lo que produce dolor. ¿Por qué será que a la gente le cuesta tanto entender este concepto?

Aunque he conducido más de mil regresiones individuales a vidas pasadas y otras muchas colectivas, personalmente sólo he experimentado seis. He tenido algunos recuerdos en sueños vívidos y durante un tratamiento de digitopuntura. Describo algunas de estas experiencias en mis primeros libros.

Cuando Carole, mi mujer, terminó un curso de hipnoterapia para completar sus clases prácticas como asistenta social, fui su paciente en algunas sesiones de regresión a vidas anteriores. Yo quería vivir esta experiencia con alguien que me inspirara confianza y que estuviera bien preparado.

Durante años había hecho meditación, así que entré rápidamente en un profundo trance. Los primeros recuerdos que empezaron a fluir por mi mente eran visuales y vívidos, como las imágenes de mis sueños.

Me vi a mí mismo como un hombre joven de una rica familia judía de Alejandría, en los tiempos de Cristo. De alguna manera yo sabía que nuestra comunidad había ayudado a financiar las inmensas puertas de oro del Gran Templo de Jerusalén. Había estudiado griego y la filosofía de la Grecia antigua, especialmente a los discípulos de Platón y Aristóteles.

Recordé un episodio de la vida de este joven, cuando intenté ampliar mis conocimientos del mundo clásico visitando las comunidades clandestinas que había en los desiertos y las cuevas del sur de Palestina y del norte de Egipto. Cada comunidad era una especie de centro de aprendizaje, en general sobre temas místicos y esotéricos. Algunas de ellas probablemente eran esenias.

Viajaba muy ligero de equipaje, con algunas provisiones y poca ropa. Casi todo lo que necesitaba me lo iban proporcionando por el camino. Mi familia era adinerada y conocida entre aquella gente.

Fui adquiriendo cada vez con más rapidez y entusiasmo una sabiduría espiritual que me hizo disfrutar mucho del viaje.

Durante varias semanas viajé de comunidad en comunidad acompañado por un hombre de mi edad. Era más alto que yo y tenía unos ojos marrones de mirada intensa. Ambos llevábamos una túnica y un turbante en la cabeza. Él emanaba mucha paz, y cuando estudiábamos juntos con los sabios de los pueblos, absorbía con mucha más intensidad y rapidez que yo todo lo que nos enseñaban. Después, me daba clases alrededor de la hoguera cuando acampábamos juntos.

Al cabo de unas semanas nos separamos. Yo fui a estudiar a una pequeña sinagoga cerca de la Gran Pirámide y él se dirigió al oeste.

Muchos de mis pacientes, incluyendo a Elizabeth y Pedro, han recordado vidas en la antigua Palestina, y también en Egipto.

Aquellas imágenes fueron para mí, al igual que para ellos, increíblemente vívidas y reales.

20

Tú que eres joven y te crees olvidado de los dioses, sabe que si te vuelves peor te reunirás con las almas inferiores, y que si te haces mejor te reunirás con las superiores, y que en la sucesión de vidas y muertes te tocará padecer lo que te corresponda a manos de tus iguales. Ésta es la justicia del cielo.

PLATÓN

A veces, los acontecimientos más importantes de la vida se nos echan encima antes de que seamos conscientes de su existencia, como una pantera que se nos acerca sigilosamente. ¿Cómo es posible que no nos hayamos percatado de algo de tal envergadura? El camuflaje es psicológico.

La negación, el hecho de no ver lo que está ante nuestros ojos, porque en realidad no lo queremos ver, es el mayor de los disfraces. A esto hemos de añadirle el cansancio, las distracciones, las racionalizaciones, la evasión y, en general, todos los procesos mentales que se interponen en nuestro camino. Afortunadamente, la persistencia del destino puede eliminar estos impedimentos y distinguir lo que necesitamos ver, el primer plano que sobresale del fondo, como si pudiéramos atisbar a la primera los dibujos en tres dimensiones del «ojo mágico».

Durante los últimos quince años he tratado a muchas parejas y familias que se han visto por separado compartiendo vidas pasadas. En otras ocasiones he inducido a regresión a parejas que simultáneamente y por primera vez se han visto relacionándose en la misma vida anterior. Este descubrimiento suele ser chocante para ambas partes, pues nunca antes han experimentado nada parecido. Mientras las escenas se van revelando, ellos permanecen en silencio sentados en mi consulta. Después, cuando emergen del estado hipnótico, descubren que han estado contemplando los mismos hechos y experimentando sensaciones paralelas. Sólo entonces me doy cuenta de su relación en esa vida anterior.

Pero con Elizabeth y Pedro todo fue a la inversa. Sus respectivas historias y sus vidas pasadas se iban revelando de manera paralela pero por separado en mi despacho. No se conocían entre sí. Nunca se habían visto en esta vida. Pertenecían a países y culturas diferentes. Acudían a mi consulta en días distintos. Habiéndolos tratado independientemente y sin sospechar en ningún momento que pudiera existir un vínculo entre ellos, no me di cuenta de su relación. Se habían amado y perdido mutuamente a través de sus vidas anteriores.

¿Por qué no lo vi antes? ¿Podía incluso ser ése mi destino? ¿Convertirme en una especie de casamentero cósmico? ¿Estaba distraído, cansado, o negaba la realidad? ¿Descartaba de un modo racional las «coincidencias»? O tal vez la idea me vino a la mente en el momento adecuado, tal y como estaba planeado.

Se me ocurrió aquella misma noche. «¿Eli?» Era Elizabeth. Se lo había oído decir a ella, semanas antes, en mi consulta. Sin ninguna duda, era Elizabeth.

Ese día, unas horas antes, Pedro no podía recordar su nombre. En pleno trance hipnótico, se había trasladado a una vida pasada, una vida que había evocado en otra ocasión en mi consulta. En ella, había muerto después de ser arrastrado por unos soldados vestidos de cuero. Su vida se consumía poco a poco mientras su cabeza reposaba sobre el regazo de su querida hija, que le acunaba con desespero.

En esa sesión Pedro regresó de nuevo a aquella vida. Tal vez todavía tenía que aprender de ella. Volvió a verse moribundo en los brazos de su hija, mientras su vida se iba apagando. Le pedí que la mirara muy de cerca, fijamente a los ojos, y que observara si podía reconocerla como alguien de su vida actual.

—No —respondió entristecido—. No la conozco.

—¿Sabes cómo te llamas? —le pregunté intentando centrar por completo su atención en aquella vida anterior en Palestina.

—No —dijo finalmente después de quedarse unos momentos pensando.

—Te daré unas cuantas palmadas en la frente mientras cuento hacia atrás de tres a uno. Deja que el nombre entre fugazmente en tu mente, en tu conciencia. Cualquier nombre que recibas será válido.

No se le ocurrió ninguno.

—No sé cómo me llamo. ¡No me viene nada a la mente!

Pero algo de pronto irrumpió en mi mente, como una explosión silenciosa, algo vívido y claro.

—¡Eli! —dije gritando—. ¿Te llamas Eli?

—¿Cómo lo sabes? —contestó desde las profundidades ancestrales—. *Ése* es mi nombre. Algunos me llaman Elihu y otros Eli... ¿Cómo lo sabes? ¿Tú también estabas allí?

—No lo sabía —le contesté honestamente—. Se me acaba de ocurrir.

Estaba muy sorprendido por lo que acababa de pasar. ¿Cómo podía yo saberlo? En el pasado había tenido destellos «psíquicos» o intuitivos, aunque no a menudo. En este caso parecía que estaba recordando algo y no recibiendo un mensaje «psíquico». Pero, ¿recordando desde qué momento? No podía situarlo. Mi mente hizo un esfuerzo para recordar, pero no lo conseguí.

Sabía por experiencia que era mejor que no me esforzara más por recordar. «No te preocupes tanto —me dije a mí mismo—, ve haciendo tus cosas, ya verás cómo obtendrás la respuesta en poco tiempo y de un modo espontáneo.»

Este extraño rompecabezas no estaba completo. Le faltaba una pieza importante sin la cual no podía realizar la conexión esencial. Sí, pero, ¿una conexión con qué? Intenté, en vano, concentrarme en otras cosas.

Un poco más tarde, esa misma noche, me vino de pronto a la mente la pieza que andaba buscando. De golpe, fui consciente de ello.

Era Elizabeth. Hacía dos meses, había recordado una vida pasada en la que había sido hija de un alfarero en la antigua Palestina. Unos soldados romanos habían matado «accidentalmente» a su padre después de haberle arrastrado atado a un caballo. Los soldados no dieron ninguna importancia a lo que le había ocurrido. Destrozado y sangrante, murió lentamente acunado por su hija sobre una calle polvorienta. En aquella vida Elizabeth había recordado su nombre: Eli.

Mi mente empezó a trabajar a toda prisa. Los detalles de cada una de las dos vidas en Palestina cuadraban. Los recuerdos evocados por Pedro y Elizabeth concordaban a la perfección. Las descripciones físicas, los hechos y los nombres eran los mismos en ambos casos. Padre e hija.

He trabajado con mucha gente, por lo común parejas, que se han encontrado en vidas pasadas. Muchas personas han reconocido a sus almas gemelas viajando con ellas a través del tiempo y se han reunido una vez más en su vida actual.

Nunca me había encontrado con almas gemelas que todavía no se hubieran encontrado en su vida actual. En este caso, se trataba de almas gemelas que habían viajado durante casi dos mil años para reunirse de nuevo. Finalmente había llegado el momento en que pese a estar muy cerca el uno del otro todavía no se habían encontrado.

A falta de los historiales de cada uno, que me había dejado en la consulta, intenté recordar en casa si Elizabeth y Pedro habían compartido otras vidas en el pasado. Al menos una, pero no en las rutas de los mercaderes de la India, ni en los manglares de Florida, ni en Hispanoamérica, amenazado por la malaria, ni en la antigua Irlanda. Éstas fueron las únicas vidas que pude recordar.

Otro pensamiento se apoderó de mí. Tal vez sí que habían estado juntos en algunas o todas aquellas vidas, pero no se habían reconocido, pues no se habían visto en el presente. No había ningún rostro, ni nombre ni punto de referencia en su vida actual, nadie que conectara con ciertas personas de sus encarnaciones anteriores.

Poco después me acordé de la vida que Elizabeth había pasado en el oeste de China, de las llanuras erosionadas por el tiempo, donde su gente fue masacrada y ella y otras mujeres fueron capturadas. Pedro había vuelto a esas mismas llanuras, que había localizado en Mongolia, para reunirse con su familia, sus parientes y su gente, que resultaron estar todos muertos.

En medio del caos, la aniquilación y la desesperación de aquel recuerdo, Pedro y yo dimos por hecho que su mujer había sido asesinada. Pero no fue así. Había sido capturada y secuestrada, y nunca más pudo volver a los cálidos brazos de su marido. Ahora, aquellos brazos habían vuelto, después de atravesar las peligrosas nieblas del tiempo, para abrazarla de nuevo, para estrecharla dulcemente contra su pecho. Pero ellos todavía lo ignoraban. Sólo yo lo sabía.

Padre e hija. Amigos en la infancia. Marido y mujer. ¿Cuántas otras veces habían compartido sus vidas y su amor en el pasado?

Estaban juntos de nuevo, pero no lo sabían. Los dos se sentían solos y sufrían cada uno a su manera. Ambos estaban muertos de hambre sin saber que les aguardaba un banquete.

Las «leyes» de la psiquiatría me coaccionaban enormemente, y más todavía las sutiles reglas del karma. La ley más estricta es la de respetar la intimidad y no traicionar la confianza de los pacientes. Si la psiquiatría fuera una religión, violar esta ley equivaldría a cometer un pecado mortal. Como mínimo constituiría un acto de negligencia. Yo no podía contarle a Pedro nada de Elizabeth, ni a ella nada de él. Lo que podía ocurrir al violar la ley fundamental de la psiquiatría era evidente, dejando aparte las consecuencias espirituales o kármicas por el hecho de entrometerse en el libre albedrío de otra persona.

Las consecuencias espirituales no me hubieran hecho desistir. Podía presentarlos y dejar que el destino se ocupara del resto. Fueron las consecuencias psiquiátricas las que me coartaron.

¿Qué ocurriría si estaba equivocado? ¿Y si se iniciaba una relación entre ambos y luego se echaba a perder? Esto podía despertar en ellos la ira y la amargura. ¿En qué medida afectaría a sus sentimientos hacia mí, su terapeuta de confianza? ¿Y si su estado empeoraba? ¿Acaso todo el trabajo terapéutico iba a ser en vano? Los riesgos eran claros.

También tuve que examinar mis motivos subconscientes. Quizá la necesidad de ver mejorar a mis pacientes emocional y físicamente y de que encontraran paz y amor en su vida influía en el criterio que iba a adoptar. ¿Acaso mis propias necesidades me impulsaban a traspasar la barrera de la ética psiquiátrica?

La opción más fácil era no meterme en camisa de once varas y callar. Si no se hace nada, no hay consecuencias. Ante la duda, absténte.

En otra ocasión también me resultó muy difícil tomar una decisión: ¿debía escribir el libro *Muchas vidas, muchos maestros*, o no? Publicar ese libro podía poner en peligro mi carrera profesional en todos los aspectos. Tras cuatro años de dudas, decidí hacerlo.

Una vez más, elegí el riesgo. Decidí intervenir, desafiar ligeramente al destino. Como concesión a mi preparación y a mis miedos, lo haría del modo más cuidadoso y sutil posible.

Las escenas y detalles de las épocas históricas que evocaron Elizabeth, Pedro y otros de mis pacientes son muy similares. Estas imágenes no son necesariamente como las que nos enseñaron en la escuela o las que aparecen en los libros de historia o en la televisión.

Se parecen porque provienen de recuerdos reales. Carolina Gómez, que fue Miss Colombia y quedó segunda en el concurso de Miss Universo de 1994, recordó durante una regresión filmada una escena de una vida anterior en la que era un hombre desnudo, arrastrado por caballos romanos, que perdía la vida. Esta muerte se parece a la que recordó Pedro. Otros pacientes también recordaron muertes provocadas por caballos que arrastraban su cuerpo, no sólo en la época romana sino también, desgraciadamente, en muchas otras culturas.

Una paciente de Colorado recordó que fue secuestrada de su tribu de nativos americanos y que nunca más volvió a ver a su familia. Finalmente logró escapar, pero murió en el antiguo Oeste, en un lugar que actualmente correspondería a un pabellón de un hospital psiquiátrico. Es una historia parecida a la experiencia de Elizabeth en Asia.

El tema de la separación y la pérdida es muy común en las regresiones a vidas anteriores. Todos deseamos curar nuestras heridas psíquicas. Esta necesidad de sanar hace que recordemos viejos traumas, que son los responsables de nuestro dolor y nuestros síntomas, en lugar de evocar tiempos de paz y serenidad, que no nos han dejado secuelas.

De vez en cuando trabajo con dos o más personas a la vez. En estos casos no permito que ninguno de los pacientes hable, porque pueden distraerse los unos a los otros. Hace poco induje a regresión a un pareja al mismo tiempo. Esta regresión, durante la cual no pronunciaron ni una sola palabra, ocupó toda la sesión y no tuvimos tiempo de repasar sus experiencias.

Después, una vez en casa, ambos compararon los apuntes que habían tomado durante la terapia. Para su sorpresa, los dos habían recordado una vida en la que coincidieron. Él era un oficial británico en las colinas americanas, y ella una mujer que vivía allí. Se conocieron y se enamoraron apasionadamente. Él fue destinado de nuevo a Inglaterra y nunca más volvió a ver a su amada. Ella se quedó destrozada por la pérdida, pero ninguno de los dos pudo hacer nada para solucionarlo. La sociedad colonial y los militares británicos tenían unas reglas y costumbres muy estrictas.

Ambos describieron del mismo modo las ropas antiguas que llevaba ella. Los dos recordaron el barco en el que él abandonó las colonias y partió hacia Inglaterra, y la triste y emotiva despedida que vivieron. Todos los detalles de aquella evocación coincidieron.

Sus recuerdos también ilustraron los problemas que tenían en su relación actual. Ella, principalmente, sufría de un miedo obsesivo a la separación, lo cual hacía que él sintiera la constante necesidad de asegurarle que no iba a abandonarla. Los miedos de ella y la necesidad de él no tenían ningún fundamento en la realidad de su relación actual. Aquella actitud tenía sus raíces en los tiempos coloniales.

Otros terapeutas que practican las regresiones a vidas pasadas obtienen los mismos resultados que yo. Es más frecuente que surjan los traumas que los recuerdos placenteros. Las escenas donde hay muertes son importantes porque suelen ser traumáticas. Las vidas anteriores se parecen, al igual que los acontecimientos importantes, porque el ser humano recurre a los mismos temas y las mismas ideas en todos los tiempos y en todas las culturas.

«Lo que fue, eso será; lo que se hizo, eso se hará. Nada nuevo hay bajo el sol.» (Eclesiastés 1:9)

21

Como creo en la teoría del renacimiento, vivo con la esperanza de que, si no en esta vida, en alguna otra podré abrazar con amor a toda la humanidad.

MOHANDAS K. GANDHI

En un forcejeo con el tiempo salí perdedor: era un rival infinitamente más poderoso que yo. Pedro casi había acabado su terapia y estaba a punto de irse a vivir definitivamente a México. Si no conocía pronto a Elizabeth, no sería fácil que lo hiciera en el futuro, viviendo los dos en países diferentes. Las probabilidades de que se reunieran en esta vida se iban a reducir notablemente.

Ambos se estaban recuperando del sufrimiento que les había invadido. Los síntomas físicos como la calidad del sueño, el nivel de energía y el apetito habían mejorado en ambos casos.

La soledad y el deseo insatisfecho de encontrar una relación amorosa que fuera positiva seguían vigentes.

Para ir preparando el final de las sesiones terapéuticas de Pedro había reducido el número de visitas, y lo recibía en semanas alternas. No disponía de mucho tiempo.

Me las arreglé para que las sesiones futuras de ambos fueran consecutivas, de manera que la visita de Pedro fuera inmediatamente posterior a la de Elizabeth. Todo el que entra o sale de mi consulta ha de atravesar la sala de espera.

Durante la sesión de Elizabeth empecé a preocuparme ante la posibilidad de que Pedro no acudiera a su cita. A veces surgen contratiempos (el coche se estropea, hay una emergencia, se contrae una enfermedad) y entonces el paciente ha de postergar la cita.

Pero llegó. Salí a la sala de espera acompañando a Elizabeth. Se dirigieron una mirada mutuamente y se contemplaron durante unos segundos. Percibí un interés repentino por ambas partes, una insinuación de las infinitas posibilidades que se escondían debajo de la superficie. ¿O quizás era simplemente lo que yo deseaba que ocurriera?

La mente de Elizabeth reafirmó una vez más su acostumbrado dominio, diciéndole que tenía que irse y advirtiéndola de que adoptara el comportamiento más apropiado. Se dirigió hacia la puerta de salida y abandonó el edificio.

Pedro entró en mi despacho al advertir mi ademán.

—Una mujer atractiva —comentó mientras se dejaba caer sobre el sillón de piel.

—Sí —respondí satisfecho—. Además es una persona muy interesante.

—Eso está bien —dijo con cierta melancolía.

Su atención empezó a dispersarse en aquel momento. Se concentró en la tarea de poner fin a nuestras sesiones y avanzar hacia la siguiente fase de su vida. Su mente ya se había alejado del breve encuentro con Elizabeth.

Aquel encuentro en la sala de espera no tuvo consecuencias para ninguno de los dos. Ni Pedro ni Elizabeth pidieron información acerca del otro. Mi manipulación había sido demasiado sutil, demasiado fugaz.

Dos semanas más tarde me propuse hacer coincidir de nuevo las visitas; preferí no urdir algo más directo y romper la confidencialidad hablando directamente del asunto con uno de ellos o con los dos. Aquélla sería mi última oportunidad. No iba a disponer de otra cita con Pedro antes de que abandonara el país.

Se volvieron a mirar mientras yo acompañaba a Elizabeth a través de la sala de espera. Sus miradas volvieron a encontrarse y esta vez durante un largo rato. Pedro la saludó con la cabeza y sonrió. Elizabeth le devolvió la sonrisa. Dudó unos segundos, abrió la puerta y se marchó.

«Confía en ti misma», pensé, intentando recordar mentalmente a Elizabeth una lección importante. No respondió.

De nuevo, Pedro no se dio por aludido. No me preguntó por ella. Estaba absorto en los pequeños detalles de su regreso a México y además acababa la terapia aquel mismo día.

«Quizá no tiene que ocurrir», pensé. Ambos se habían recuperado, aunque no eran felices. Tal vez les bastaba con eso.

No siempre nos uniremos al alma gemela más vinculada a nuestro ser.

Tal vez haya más de una para cada persona, puesto que las familias de almas viajan juntas. Es posible que decidamos casarnos con un alma gemela menos ligada a nosotros que otra, alguna que tenga algo específico que enseñarnos o algo que aprender de nosotros. Podemos reconocer un alma gemela a una edad avanzada, cuando ya hemos adquirido compromisos familiares. También puede ocurrir que nuestro padre, nuestra madre, un hijo o un pariente cercano encarnen al alma gemela con quien más estrechamente estamos unidos. O quizá nuestra relación más fuerte sea con un alma gemela que no se ha encarnado en el transcurso de nuestra vida y que está velando por nosotros desde el otro lado, como un ángel de la guarda.

A veces nuestra alma gemela está deseosa de encontrarnos y disponible. Es posible que él o ella se percate de la pasión y la atracción que existe entre ambos, de los lazos íntimos y sutiles que indican que nos hemos relacionado en diferentes vidas pasadas. Sin embargo, esto puede resultarnos perjudicial. Depende de la evolución del alma.

Si una de las dos almas está menos desarrollada y es más ignorante que la otra, la violencia, la codicia, los celos, el odio y el miedo pueden enturbiar la relación.

Tales sentimientos son nocivos hasta para el alma más evolucionada, aunque se trate de un alma gemela. Es habitual que fantaseemos con ideas como: «yo puedo cambiarle» o «puedo ayudarle a crecer». Si la otra persona no deja que la ayudemos, si ha decidido que no quiere aprender ni evolucionar, la relación está condenada al fracaso. Tal vez surja otra oportunidad en otra vida; a no ser que la persona en cuestión tome conciencia más adelante. A veces se producen estos despertares tardíos.

En algunos casos las almas gemelas deciden no casarse mientras están encarnadas. Se las componen para encontrarse, permanecen juntas hasta que cumplen el pacto acordado y después siguen su camino. Sus intereses y los planes que tienen para el resto de su vida son diferentes, y no quieren ni necesitan pasar una vida entera juntas. Esto no es una tragedia, sino una simple cuestión de aprendizaje: tienen por delante una vida eterna juntas, pero a veces es posible que necesiten tomar unas clases por separado.

La imagen del alma gemela disponible pero «adormecida» es patética y puede causarnos una terrible angustia. «Adormecida» significa que no ve la vida con claridad y que no es consciente de las distintas dimensiones de la existencia, que no sabe nada de las almas. Normalmente son las interferencias cotidianas de la mente las que nos impiden despertar.

Estamos constantemente escuchando los pretextos de la mente: «Soy demasiado joven; necesito adquirir más experiencia; todavía no estoy preparado para establecerme; pertenezco a otra raza, religión, región, clase social, nivel intelectual, tengo otro bagaje cultural, etc.» Todo esto son excusas, puesto que las almas no poseen ninguno de estos atributos.

La persona reconoce la atracción. No hay duda de que la atracción existe, pero su origen no se comprende.

Creer que esta pasión, este reconocimiento y

esta atracción volverá a producirse con otra persona es engañarse.

No nos topamos con almas gemelas de este tipo todos los días, quizá sólo con una o dos más en toda una vida. La gracia divina puede recompensar a un buen corazón, a un alma llena de amor.

Encontrar a nuestras almas gemelas no debe convertirse en motivo de preocupación. Tales encuentros están a merced del destino y, sin lugar a dudas, se producen. Después del encuentro, prevalece el libre albedrío de ambas personas. Las decisiones que se toman y las que se descartan quedan en manos de su voluntad, de su propia elección. El alma más «adormecida» tomará decisiones basándose en la mente y en todos sus miedos y prejuicios. Desgraciadamente, esto suele provocar mucha angustia. Cuanto más «despierta» sea la pareja más posibilidades habrá de que tome una decisión basada en el amor, y si los dos miembros de la pareja están «despiertos», el éxtasis se hallará al alcance de sus manos.

22

Léeme, oh lector, si en mí encuentras delei-te, porque raras veces regresaré de nuevo a este mundo.

LEONARDO DA VINCI

Afortunadamente, alguna mente más creativa que la mía estaba maquinando desde las más elevadas alturas un encuentro entre Elizabeth y Pedro.

La reunión estaba predestinada. Lo que sucediera después era asunto de ellos dos.

Pedro partía hacia Nueva York de viaje de negocios. Después tenía que ir a Londres donde se quedaría dos semanas por asuntos de trabajo y aprovecharía para tomarse unas vacaciones antes de regresar a México. Elizabeth, por su parte, se dirigía a Boston para acudir a una reunión de negocios y también para visitar a una compañera de la universidad. Iban a volar con la misma compañía pero en distintos aviones.

Cuando Elizabeth llegó a la puerta de embarque del aeropuerto se dio cuenta de que habían cancelado su vuelo a causa de una avería técnica. El destino había empezado a trabajar.

Estaba disgustada. Llamó a su amiga y cambió de planes. Podía tomar un avión con destino a Newark y después volar en el puente aéreo hasta Boston a primera hora de la mañana. Tenía una importante reunión de negocios a la que no podía faltar.

Estos nuevos planes la obligaron a volar en el mismo avión que Pedro. Él estaba en el aeropuerto esperando a que anunciaran su vuelo cuando descubrió a Elizabeth. Observó por el rabillo del ojo cómo ella entregaba su tarjeta de embarque en el mostrador y se sentaba en la sala de espera. Pedro tenía puesta toda su atención en ella. Recordaba sus encuentros fugaces en la sala de mi consulta.

De repente le invadió un interés y un sentimiento de familiaridad estremecedor. Tenía los ojos y la mente clavados en ella mientras Elizabeth abría un libro. No dejaba de contemplarla. Observaba su cabello, sus manos, sus movimientos y la postura en que estaba sentada; cada detalle le resultaba absolutamente familiar. La había visto brevemente en la sala de espera de mi consulta, pero, ¿a qué se debía tal grado de familiaridad? Debían de haberse conocido antes de que se produjeran aquellos breves encuentros. Se estrujaba el cerebro para averiguar cuándo podía haber sido.

Ella se sentía observada, pero le ocurría muy a menudo. Intentó concentrarse en la lectura. Le resultaba difícil después de haber cambiado los planes tan precipitadamente, pero los ejercicios de meditación que había aprendido la ayudaban en estos casos. Consiguió despejar su mente y centrar su atención en el libro.

Seguía notando que alguien la observaba. Levantó la cabeza y vio que Pedro la miraba fijamente. Primero frunció el ceño y, tras reconocerlo, le sonrió. Elizabeth intuía que no había nada que temer. Pero, ¿cómo podía estar tan segura?

Le miró durante unos segundos y reanudó su lectura, pero en esta ocasión fue completamente incapaz de concentrarse en el texto. Los latidos de su corazón empezaron a acelerarse y su respiración también. Sabía, sin ninguna duda, que él se sentía atraído por ella y que no tardaría en acercarse.

En efecto, Pedro se aproximó a ella, se presentó y los dos se pusieron a hablar. Se produjo una rápida e intensa atracción por ambas partes. En cuestión de unos minutos Pedro propuso a

Elizabeth que cambiaran los asientos para estar juntos durante el vuelo.

Antes de que el avión despegara los dos jóvenes ya eran algo más que unos simples conocidos. A Elizabeth, Pedro le resultaba muy familiar; ella sabía exactamente qué movimientos iba a hacer su compañero en cada momento, qué le iba a decir, etc. Elizabeth, de pequeña, tenía mucha intuición. Los valores y principios de la educación conservadora del Medio Oeste habían minado todo su talento intuitivo, pero ahora estaba con todos los sentidos a flor de piel y su atención bien dirigida.

Pedro no podía apartar la vista del rostro de Elizabeth. Nunca antes unos ojos le habían cautivado de aquella manera. Eran profundos y transparentes. Aquellos ojos celestes jaspeados de color avellana y rodeados de un aro azul marino se apoderaron de él.

Volvió a oír en su imaginación aquella voz angustiada de la mujer vestida de blanco que se le había aparecido tantas veces en sus sueños: «Dale la mano... Alcánzala.»

Pedro dudó. Quería cogerle la mano. «Todavía no —pensó—. Casi no la conozco.»

Cuando sobrevolaban Orlando, una tormenta eléctrica desestabilizó el avión, que estaba surcando el cielo nocturno. Por un momento Elizabeth mostró una expresión de intranquilidad; aquella turbulencia repentina la había asustado. Pedro se dio cuenta al instante. Le cogió la mano y se la apretó. Sabía que esto la tranquilizaría.

Elizabeth, de pronto, tuvo la sensación de que una corriente eléctrica fluía por sus venas y le llegaba al corazón. Sus vidas anteriores se despertaron con aquella corriente: se había producido la conexión.

Cuando tengamos que tomar una decisión importante, escuchemos a nuestro corazón, a nuestra sabiduría interior, especialmente cuando hayamos de tomar una decisión sobre un regalo del destino como es un alma gemela. El destino depositará su obsequio directamente a nuestros pies, pero lo que decidamos hacer a partir de entonces con él es algo que depende de nosotros. Si confiamos únicamente en lo que nos digan los demás, es probable que cometamos errores muy graves. Nuestro corazón sabe lo que necesitamos. Los demás tienen otros intereses.

Mi padre, con toda su buena intención pero un poco cegado por sus propios miedos, se opuso a mi matrimonio con Carole, mi esposa.

Cuando miro hacia atrás, pienso que Carole fue uno de esos regalos del destino, un alma gemela y compañera de viaje a través de los siglos que reaparece constantemente en las diferentes vidas como una hermosa rosa que se abre en la estación adecuada.

Nuestro problema estribaba en que éramos demasiado jóvenes. Cuando la conocí, yo sólo tenía dieciocho años y acababa de finalizar mi primer curso en la Universidad de Columbia. Carole tenía diecisiete, y estaba a punto de empezar sus estudios universitarios. En muy pocos meses supimos que queríamos estar juntos para siempre. A pesar de los prudentes consejos de mi familia, que creía que éramos demasiado jóvenes y que yo no tenía la suficiente experiencia para tomar una decisión tan crucial para mi vida futura, yo sólo deseaba estar con Carole. Nadie entendía que mi corazón había acumulado una experiencia de miles de siglos y que era algo que iba mucho más allá de la comprensión racional. Para ella y para mí, la separación era algo inconcebible.

Finalmente, comprendimos el razonamiento de mi padre. Él temía que si Carole y yo nos casábamos y teníamos un hijo, yo tendría que dejar mis estudios, así que mi deseo de convertirme en médico se truncaría.

De hecho, esto fue lo que le ocurrió a él. Había asistido a los cursos preparatorios para la carrera de medicina en la Universidad de Brooklyn durante la Segunda Guerra Mundial, pero cuando nací yo se vio obligado a ponerse a trabajar después de terminar su servicio militar.

Nunca reanudó sus estudios de medicina, no pudo convertir en realidad su sueño de ser médico.

El sentimiento de amargura que le producía aquel deseo irrealizado se fue diluyendo y, gradualmente, traspasó a sus hijos el deseo insatisfecho.

El amor disipa el miedo. Nuestro amor mutuo disipó sus miedos y la proyección de éstos sobre nosotros.

Finalmente nos casamos después de mi primer año en la Facultad de Medicina, cuando Carole se graduó. Mi padre la quiso como a una hija y bendijo nuestro matrimonio.

Cuando nuestra intuición, nuestros sentimientos más viscerales y nuestro espíritu saben algo más allá de cualquier duda, no debemos permitir que las razones de los demás, construidas sobre sus propios miedos, nos influyan. Sean o no buenas sus intenciones, pueden llevarnos por el mal camino y alejarnos del sendero de la felicidad.

23

*No es más sorprendente haber nacido dos
veces que una sola: en la naturaleza todo es
resurrección.*

VOLTAIRE

Elizabeth me llamó desde Boston. Había
prolongado sus vacaciones. Pedro había regresado de Londres nada más solucionar sus asuntos
de trabajo.

Él también había ido a Boston, para estar con
Elizabeth. Ya se estaban enamorando.

Habían empezado a comparar sus experiencias
de vidas anteriores que ambos recordaban con nitidez. Se estaban redescubriendo el uno al otro.

—Realmente Pedro es una persona extraordinaria —comentó Elizabeth.

—Tú también lo eres — le recordé.

Como resultado de mis experiencias con Elizabeth y Pedro, mi práctica profesional dio un indescriptible y bello salto hacia lo místico y lo mágico. En los numerosos seminarios que dirijo, en los que a cada participante se le brinda la oportunidad de experimentar un estado hipnótico y de profunda relajación, la frecuencia de acontecimientos mágicos va aumentando espectacularmente.

La gama de experiencias va más allá de las vidas pasadas y las reencarnaciones. A menudo se trata de experiencias espirituales y místicas muy bellas que tienen el poder de transformar la vida. La gente me ha agradecido enormemente que les haya ayudado a tener este tipo de vivencias. Seguidamente explicaré lo que ocurrió en un lapso de dos semanas.

Una periodista de un periódico local se inscribió en una serie de talleres y seminarios de fin de semana que impartí en Boston. Escribió lo siguiente:

Muchas de las personas que participaron en los talleres de regresión a vidas pasadas dirigidos por Weiss dijeron que sus experiencias fueron profundamente emotivas y espirituales. Uno de los ejercicios fue muy espectacular. Weiss pidió que apagáramos las luces y que cada uno de los participantes se buscara una pareja. Las dos personas debían mirarse mutuamente a los ojos durante varios minutos, mientras él iba guiando la meditación con sus palabras. Cuando se acabó el ejercicio, dos mujeres que no se habían visto nunca antes habían compartido una experiencia en la que se reconocieron como hermanas. Una mujer dijo que en el rostro de su pareja veía todo el tiempo a una monja. Cuando se lo hizo saber, la otra mujer explicó que en la sesión del día anterior había evocado una vida pasada en la que ella era una monja. Lo más impresionante fue la historia de una mujer de Boston que vio en los ojos de su compañera a su hermano mayor, que había perdido la vida en la Segunda Guerra Mundial, a los diecinueve años y medio. Su pareja era una mujer joven de Wisconsin que más tarde explicó que el día anterior había recordado una vida pasada en la que era un hombre de diecinueve años y medio calzado con botas militares y vestido de uniforme, que había muerto en una guerra que tenía que ser anterior a la del Vietnam. La curación que había experimentado aquella mujer de Boston podía palparse en el ambiente...

—El amor disipa la ira —dijo Weiss—. Ésta es la parte espiritual. El Valium no consigue lo mismo. El Prozac tampoco.

Y el amor sana la aflicción.

La doctora Joan Borysenko, psicoterapeuta, bióloga celular y escritora de gran talento, estaba de pie junto a mí, atendiendo a mi conferencia titulada «Implicaciones espirituales de la terapia de vidas pasadas», que pronuncié en un congreso en Boston.

Sus ojos azules acompañaban expresivos el relato de una historia que había acontecido hacía diez años. En aquel entonces, ella era una investigadora muy respetada en la Facultad de Medicina de Harvard. Durante un congreso sobre nutrición que tuvo lugar en un hotel de Boston, en el que Joan era una de las ponentes, se encontró con su jefe, que había acudido a un congreso médico que se celebraba en el mismo hotel. Él se quedó muy sorprendido al verla allí.

Al día siguiente, en el trabajo, su jefe la amenazó. Si ella volvía a utilizar el nombre de la Universidad de Harvard en un asunto tan frívolo como era un congreso sobre nutrición, no podría seguir trabajando en Harvard.

Desde entonces los tiempos han cambiado mucho, incluso en Harvard. Actualmente, la nutrición se ha convertido en un campo de enseñanza e investigación predominante, y no sólo eso, sino que algunos miembros de la Universidad de Harvard están confirmando y ampliando mi trabajo con la terapia de regresión a vidas pasadas.

El fin de semana siguiente dirigí un seminario de dos días en San Juan, Puerto Rico. Acudieron unas quinientas personas, y una vez más se produjo una magia especial. Muchos de los participantes regresaron a la primera infancia, al útero materno y a vidas anteriores. Uno de ellos, un psiquiatra muy respetado de Puerto Rico, vivió una experiencia todavía más extraordinaria.

El segundo día del seminario, durante una meditación guiada, el ojo interno de este hombre percibió la oscura figura de una mujer joven, que se le acercó.

—Diles que estoy bien —le comunicó—. Diles que Natasha está bien.

El psiquiatra se sintió «muy tonto» mientras relataba su experiencia al resto del grupo. A fin de cuentas, no conocía a nadie que se llamara Natasha. Además, ese nombre es muy raro en Puerto Rico y el mensaje emitido por esa joven fantasmagórica no guardaba ninguna relación con nada que estuviera sucediendo en el seminario ni tampoco con su vida privada.

—¿Significa algo este mensaje para alguno de vosotros? —preguntó el psiquiatra al resto de los participantes.

De repente una mujer dio un grito desde la última fila del auditorio.

—¡Mi hija, mi hija!

Su hija, que había muerto súbitamente a los

veinte años, hacía sólo seis meses, se llamaba Ana Natalia. Su madre era la única persona en el mundo que la llamaba Natasha.

El psiquiatra nunca había conocido ni oído hablar de esa chica, ni tampoco de su madre. Tras aquella extraordinaria experiencia estaba tan nervioso como la madre. Cuando ambos recuperaron el aliento, la madre de Natasha le enseñó una foto de la muchacha. El psiquiatra palideció de golpe. Era la misma joven cuya oscura figura se le había acercado para darle aquel mensaje.

Una semana más tarde pronuncié una conferencia en Ciudad de México. Una vez más nos invadió una atmósfera mágica. A todos los participantes se nos ponía la piel de gallina con una frecuencia asombrosa.

Tras una meditación, una mujer del público rompió en un llanto de felicidad. Acababa de recordar una vida anterior en la que su actual marido era su hijo. Ella había sido un hombre durante aquella vida en la Edad Media, el padre de este niño, y le había abandonado. En su vida actual, su marido siempre tenía miedo de que ella le abandonara, un miedo que no tenía una base racional en esta vida. Ella jamás le había amenazado con dejarle. Constantemente le demostraba su amor, pero la tremenda inseguridad de su marido estaba arruinando su vida y envenenando su relación. Al comprender el verdadero origen del terror que sufría su marido a ser abandonado, se dirigió corriendo al teléfono para hablar con él y asegurarle una vez más que nunca iba a abandonarlo.

Las relaciones a veces pueden sanar con una increíble rapidez.

Al final del segundo día del seminario, estaba firmando libros cuando una mujer se acercó abriéndose paso entre la cola, llorando en silencio.

—¡Gracias, muchas gracias! —susurró mientras me cogía la mano—. ¡No sabe lo que ha hecho usted por mí! He tenido unos dolores espantosos en la parte superior de la espalda durante los últimos diez años. Me han visitado médicos de aquí, de Houston y de Los Ángeles. Nadie ha sabido ayudarme y he sufrido muchísimo. En la regresión a una vida pasada que experimenté ayer, yo era un soldado al que apuñalaban en la espalda, justo en la base del cuello, exactamente en la zona que me dolía. Por primera vez en diez años el dolor desapareció, ¡y de momento no ha vuelto!

Estaba tan contenta que no podía dejar de sonreír y llorar al mismo tiempo.

Últimamente suelo explicar a la gente que el efecto de la terapia de regresión puede tardar semanas o meses y que no deben desanimarse si les parece que el proceso se desarrolla con lentitud. Esta mujer me recordó que la recuperación también puede ser increíblemente rápida.

Mientras ella desaparecía entre la gente, me pregunté qué otros milagros nos brindaría el futuro.

Cuando veo a mis pacientes y a los participantes de mis seminarios recordar vidas anteriores y presencio sus experiencias místicas y mágicas, me acuerdo de que el concepto de reencarnación es únicamente un puente.

Los resultados terapéuticos que se obtienen al atravesar este puente son incuestionables. La gente mejora, incluso los que no creen en las vidas pasadas. El hecho de que el terapeuta crea o no en ellas tampoco es importante. Los recuerdos son suscitados y los síntomas desaparecen.

Sin embargo hay muchísima gente que se queda estancada en el puente en lugar de buscar lo que hay más allá. Se obsesionan por los menores detalles, los nombres y la exactitud de los datos históricos. Su único foco de atención se centra en descubrir todos los pormenores posibles de cada una de sus vidas anteriores.

Los árboles no les dejan ver el bosque. La reencarnación es un puente hacia un mayor conocimiento, la sabiduría y la comprensión. Nos recuerda lo que debemos tomar y lo que debemos desechar; por qué estamos aquí y qué instrumentos necesitamos para seguir adelante; la increíble orientación y ayuda que recibimos a lo largo del camino, y que nuestros seres queridos vuelven a nosotros para compartir nuestros logros y aliviar nuestras cargas.

24

Apercibiéndome de que existo en este mundo, estoy convencido de que, en una forma u otra, existiré siempre; y a pesar de todos los inconvenientes que conlleva la vida humana, no pondré reparos a una nueva edición de la mía, esperando, sin embargo, que las erratas de la última puedan ser corregidas.

BENJAMÍN FRANKLIN

Con el transcurso de los años, muchos de mis pacientes se han convertido en mis maestros. Están siempre obsequiándome con sus historias y sus experiencias, con su sabiduría y su comprensión espiritual. Algunos se han convertido en amigos íntimos, y comparten conmigo su vida además de sus regalos.

Hace años, antes de publicar *Muchas vidas, muchos maestros*, pero después de trabajar con Catherine y muchos otros pacientes, a los que sometí a la terapia de regresión, una paciente me obsequió con dos mensajes. Los había recibido en un sueño y los había escrito nada más despertarse.

Procedían de Philo, una persona que yo también había visto en sueños y que más tarde daría a conocer en mi primer libro. La paciente no sabía nada de mis experiencias oníricas. La «coincidencia» del nombre era interesante.

Estos mensajes, ¿provenían de su subconsciente, o de una fuente externa, de Philo, quizá de un recuerdo sepultado en su memoria, o de algo que ella había leído hacía años? Tal vez eso no sea importante.

Como dice mi hija Amy: «Lo real es algo que existe y en su mente existía.» Los mensajes que yo recibía de Philo también hablaban de la mente.

Para Brian L. Weiss. Nuestra mente lo entiende todo, pero es incapaz de conocerse a sí misma. Permite, pues, que se diga qué es y de dónde viene, si es espíritu, sangre, fuego o alguna otra sustancia, o simplemente si es corpórea o incorpórea.

No nos percatamos de cuándo el alma

entra en el cuerpo. Has hecho un buen trabajo ayudando a los seres humanos a reconocer
ese momento. Es un buen comienzo.

Tu amigo,

Philo

El otro mensaje llegó una semana más tarde y
trataba de la naturaleza de Dios.

Para Brian L. Weiss. Debemos recordar
que el Ser Superior es la única causa, el padre
y el creador del universo. Recordemos que
llena todas las cosas no con Su pensamiento
sino con Su esencia.

Su esencia no se agota nunca en el universo. Él está por encima y más allá de él.

Podemos afirmar que sólo Sus poderes
están en el universo. Pero aunque Él esté por
encima de Sus poderes, también los abarca.
Lo que ellos hacen, lo hace Él a través de
ellos.

Ahora están visibles, obrando en el mundo. A partir de su actividad, obtenemos una
clave sobre la naturaleza de Dios.

Idées Philo

Puedo percibir grandes verdades en estas palabras, sea cual sea su origen.

He conocido a videntes, médiums, sacerdotes y gurus muy célebres y he aprendido muchas cosas de ellos. Algunos están increíblemente dotados y otros no.

Me he dado cuenta claramente de que no existe una relación directa entre los poderes psíquicos y el nivel de evolución espiritual. Recuerdo una conversación que mantuve con Edgar Mitchell, el famoso astronauta e investigador de fenómenos paranormales. Edgar había estudiado en su laboratorio a un conocido individuo que tenía poderes sobre las energías, desplazaba un imán sobre un campo magnético e incluso llegaba a mover objetos de sitio con el poder de su mente, fenómeno conocido con el nombre de «telequinesia». Pese al desarrollo de capacidades mentales, Edgar se percató de que el carácter y la personalidad de este hombre no se correspondían de ninguna de las maneras con el hecho de tener un alto nivel de conciencia espiritual. Fue el primero en señalarme que los poderes psíquicos y el desarrollo espiritual no están necesariamente conectados.

Creo que los poderes psíquicos de algunas personas aumentan a medida que evolucionan espiritualmente, conforme van adquiriendo mayor conciencia. Esto, en vez de ser un paso esencial, es más bien una adquisición incidental. El ego de una persona no debería envanecerse simplemente porque sus poderes psíquicos aumenten. El objetivo es aprender algo sobre el amor y la compasión, la bondad y la caridad, y no cómo convertirse en un vidente famoso.

Incluso los terapeutas pueden llegar a aumentar en «percepción paranormal» si se lo permiten, mientras tratan a sus pacientes. A veces capto algunas impresiones psíquicas, conocimientos intuitivos o incluso sensaciones físicas que guardan relación con el paciente que está sentado en un cómodo sillón frente a mí.

Hace unos años traté a una joven judía que se encontraba profundamente desanimada. Se sentía desarraigada, incapaz de integrarse. Empecé a sentir un dolor punzante en el centro de las palmas de las manos conforme le hablaba y no sabía por qué. Observé los brazos de mi sillón. La piel no estaba desgastada, no había ningún extremo punzante ni motivo alguno para que sintiera esos pinchazos. Aun así, el dolor iba en aumento, hasta el punto de que las manos me empezaron a escocer y a arder. Las miré de cerca y no pude apreciar ninguna señal, marca ni corte. Nada.

De pronto un pensamiento acudió a mi mente: «Es como si me crucificaran.» A continuación, decidí hablar al respecto con mi paciente.

—¿Qué te sugiere la crucifixión? ¿Qué te sugiere el nombre de Jesucristo?

Me miró y noté que había empalidecido. Desde que tenía ocho años había estado acudiendo a la iglesia en secreto. Nunca había comunicado a sus padres que en realidad se sentía católica.

Gracias a la sensación que percibí en las manos y la asociación que ambos hicimos, mi paciente desenredó la maraña de su vida y descubrió que no estaba loca, que no era una persona rara y que sus sentimientos estaban basados en la realidad. Finalmente empezó a comprender y a sanar. También descubrimos una intensa vida anterior, en Palestina, hacía dos mil años.

Todos tenemos capacidades paranormales, lo que ocurre simplemente es que lo hemos olvidado.

Un paciente me preguntó sobre Sai Baba, un famoso santón de la India. ¿Es un avatar, una encarnación divina, el descenso de una deidad a la tierra en forma humana?

—No lo sé —le respondí—, pero en cierto sentido, ¿no lo somos todos?

Todos somos dioses. Dios está en nuestro interior. No deberíamos dejar que nuestros poderes mentales nos distraigan, puesto que son tan sólo indicadores a lo largo del camino. Necesitamos expresar nuestra divinidad y nuestro amor mediante buenas acciones, poniéndonos al servicio de los demás.

Quizá nadie debería ser el guru de otra persona durante más de un mes o dos. No es necesario viajar a la India repetidas veces, ya que el verdadero viaje transcurre en nuestro interior.

Hay unos claros beneficios que se pueden obtener de experiencias trascendentales como son el aceptar la existencia de lo divino o el comprender que la vida es mucho más que lo que ven nuestros ojos; pese a que la frase «si no lo veo, no lo creo» esté en boca de la mayoría.

Nuestro camino es interior. Éste es el viaje más difícil y doloroso. Somos los responsables de nuestro propio aprendizaje. No podemos rechazar esta responsabilidad y echarla sobre las espaldas de otro, de algún guru.

El reino de Dios está dentro de nosotros.

EPÍLOGO

Estoy seguro de que he estado aquí, tal como estoy ahora, mil veces antes, y espero regresar otras mil veces más.

GOETHE

De vez en cuando recibo noticias de Elizabeth y Pedro. Están felizmente casados y viven en México, donde Pedro se dedica a la política mientras sigue con sus negocios. Elizabeth se ocupa de su hija, una niña preciosa de cabellos largos y castaños.

«Gracias por todo —me escribió Elizabeth recientemente—. Somos muy felices y en gran parte te lo debemos a ti.»

No creo que ellos me deban nada. No creo en las coincidencias. Les ayudé a conocerse, pero se hubieran encontrado de todos modos sin mi ayuda. El destino funciona así.

El amor, cuando fluye libremente, vence todos los obstáculos.